『アナと雪の女王』の世界

小野俊太郎
Shuntaro Ono

小鳥遊書房

『アナと雪の女王』の世界

目次

第2部　見直すための視点

はじめに　ディズニーヒロインを刷新する

❄世界を魅了した作品

『アナと雪の女王』は、二〇一三年十一月二十七日に、全米で一般公開された。全米公開はカナダやフィリピンなどと同時だったが、その後ドイツやチェコと公開される国が増え、一ヵ月もすると、年末にはヨーロッパばかりでなく、アジアやアラブ諸国などを含めた世界中のスクリーンで観ることが可能になった。

最大の功績は、ディズニーのヒロイン像を刷新したことだろう。アナとエルサはダブルヒロインで、どちらもプリンセスなのだが、性格も行動も対照的だった。今までは、姉妹がいても、これほど対等に描かれたことはない。『リトル・マーメイド』のアリエルの六人いる姉の名前を覚えている観客はいるだろうか。あるいは『シンデレラ』のように意地悪な義姉たちがいても、ヒロインは妹のシンデレラ一人だった。しかも、アナの姉のエルサはむしろ「ヴィラン」と呼ぶべき魔女的な力をもっているというのも、ここれまでにはないヒロイン像となる。アナそうした魅力もあって、子どもたちへの『アナと雪の女王』の浸透ぶりに、アメリカの親たちは驚き呆れていた。雑誌の『ニューヨーカー』に二〇一四年五月付で、ブラウン大学の教授で翻訳者のエリアス・ムハンナによる「『アナと雪の女王』をアラビア語に訳す」という記事が掲載された。映画を観てから何ヵ月も、エリアスの娘たち姉妹は朝起きると学校に行く着替えの間に「レット・イット・ゴー」をいっしょに歌い、朝食時には「雪だるまつくろう」などを姉妹でパートを分けて歌うのである。[*1]

こうした爆発的な人気に押されて、二〇一四年一月には、劇場で「いっしょに歌う（シング・アロング）」という流れが生じた。歌詞の英語字幕が画面の下に出て、観客たちが映画のエルサやアナにあわせて歌うのである。さっそくディズニーUKは、練習用に一月三十一日にユーチューブ上に「レット・イット・ゴー」のシング・アロング版をアップした。[*2]

日本での公開前に、新聞や雑誌といったメディアだけでなく、インターネット上に多くの情報が飛び交っていた。ディズニーUKによる四分の長さの「レット・イット・ゴー」

の映像だけでは、全体での位置づけが不明だが、何度も観たくなる魅力にあふれている。実際、完成したこの歌を聞いたことで、作画スタッフが『アナと雪の女王』全体を描き直したほどのインパクトがあったのだ。

結局のところ、日本での公開は、三月十四日とずいぶん遅れることになった。エルサ役を松たか子、アナ役を神田沙也加で吹き替えた日本語版は評判となり、多くの親子連れが観たのである。エルサやアナの関連グッズや塗り絵やコスプレ用の衣装を買い、歌に夢中になるのは、エリアスの娘たちと同じだった。しかも、それだけでなく、「私は自由」と歌うエルサの生き方に共感する社会人がリピーターとなり、人気を盛りあげた。

公開時には、「アナとエルサを現代女性に置き換えてみると…『アナと雪の女王』のメッセージ」という、アナが体験したような突然の恋と時間をかける恋の二種類の恋愛パターンを考える記事が出た。[*3] 他にも、ウィザード・ノリリー（魔術師ノリリー）による『シンデレラの法則』などの一連の人生や恋愛の指南本の一冊として、『私は、ありのままで大丈夫 Rules of Elsa & Anna』（二〇一五）が出版された。エルサを扱った章では「才能の出し惜しみをしない」とか、アナに関する章では「彼のよさを見逃さない」など人生の知恵と恋愛術を作品から読み取っている。

それとともに、「レット・イット・ゴー」を「ありのままで」と訳した点の是非をめぐる議論も巻き起こった。吹き替えの歌手がなめらかに歌えるように工夫された訳詞と、原語の歌詞との間にあるニュアンスの違いは、単なる翻訳技術を超えて、各国の女性がおかれた社会や文化の違いを鮮明にしてくれたのだ。それでも、エルサとアナの姉妹の絆をめぐる主題は、ディズニープリンセスの新しいあり方をしめすと思われ、世界中に受け入れられたのは、それを観た女性観客の悩みがヒロインたちと共通していたからなのである。

英語と日本語それぞれの文脈で考えると、原語版と翻訳版のズレは決して小さくはないが、日本では「ありのままで」という歌詞で受け入れられて定着した。そして日本でも、シング・アロング上映は、「みんなで歌おう♪歌詞付版」として公開されることになった。二〇一四年のゴールデンウィークには、2D版だけでなく、3D版でも上映されたのである。一方的に観るだけでなく、歌や映画を観客もともに楽しむ劇場空間が出現した。こうして熱心な観客やファンを巻き込んでメガヒット作となり、現在二百五十億円以上の興行収入を得て、歴代公開作品の五指に入るまでになったのだ。

❄古典となった現代作品

一時的な狂熱やブームに終わり、忘れ去られる作品も数多くある。けれども、『アナと雪の女王』は、テレビ放映だけでなく、ＤＶＤやブルーレイ、さらにストリーミングによる繰り返しの視聴に耐え、小説や演劇といった他のメディアに移し替えられ、パロディから作品の引用や借用までもが行なわれるようになった。こうした影響力をもった作品を「古典」と呼ぶのならば、すでに充分な資格を獲得している。

『アナと雪の女王』に対するファンの関心は続いていて、アニメ作品を超えて、舞台化が待ち望まれていた。ディズニー・シアトリカル・プロダクションズは、一九九四年の『美女と野獣』以来、ディズニーの代表作の舞台化を担当してきた。とりわけシェイクスピア作品の演出もするジュリー・テイモアによる一九九七年の『ライオン・キング』は、ブロードウェイのロングラン記録をもっている。

『アナと雪の女王』のミュージカル版は、二〇一八年からブロードウェイで上演され、エルサとアナが歌うオリジナルの曲も加えられた。好評につき、初代のキャストから一新した二代目キャストによる公演が二〇一九年に始まり、北米ツアー、オーストラリア、ロンドン、日本公演が予定されて一部実施されていたが、残念なことに二〇二〇年のコロナ禍によって、中止や中断を余儀なくされた（ただし日本では二〇二一年、劇団四季によって日本人キャストで上演）。また、アニメ作品に忠実なディズニー・クルーズライン版や、アイスショー版もある。

待望の続編となる『アナと雪の女王2』が二〇一九年に公開された。さらに、スピンオフ作品として、「家族の思い出」といった短編も作られ、アナやエルサの日常生活も視聴者の興味の対象になるのだ。こうした派生作品は、アメリカで「フランチャイズ」とか「ユニバース」と呼ばれる。けれども、『アナと雪の女王』フランチャイズが次々に作られても、始まりとなったのは、やはり一本のアニメーション映画であり、それが古典としての地位を獲得したおかげだろう。

❄「フローズン」が「アナ雪」になったわけ

原点となった『アナと雪の女王』は、どのような魅力をたたえた作品なのかがもっと問われるべきである。大きな目をしたアナとエルサの表情豊かな演技や、その色鮮やかな衣装の数々も目を引く。そして、カナダのケベックにある氷のホテルからヒントを得たという氷の宮殿内がもつ光の造形［Solomon:122］、あるいはノルウェーの城や教会建築を模したアレンデール城といった背景美術も見どころである。

アニメーション全体として考える場合に、最初に目にするのは、空から雪の結晶が落ちてきて、その一つが「ＦＲＯＺＥＮ」の「Ｏ」の内側に入って、タイトルが提示される部分である。そして、アレンデールの城の上でキラッと雪の結晶を模した紋章が光るところで物語は終わる。さらに、エンドロールの後に、エルサの作った氷の宮殿にいるマシュマロウが現れ、落ちていたティアラを拾う場面がある。そこでもやはり光るものが強調されている。百二分の長さに詰まった魅力は、とても一言では表せない。

日本では誰もが『アナと雪の女王』と疑問をもたずにタイトルを口にする。だが、あくまでも英語の元のタイトルは「フローズン」である。しかしながら、直訳して「凍りついた＊＊＊」とか「フローズン」では、これほど大きなヒットには恵まれなかっただろう。この邦題がついたそれなりの理由があったと推察できる。

英語をカタカナにするだけでは誤解を招く結果になるかもしれない。かつてピクサーの長編が『モンスターズ・インク』（二〇〇一）と公開時に訳された。「インク（Inc.）」は株式会社の略なので、「怪物株式会社」とか「モンスターズ会社」とでもすべきタイトルだった。この略語は英語では見慣れた表現だが、「インク」では、日本では文字を書くとか印刷するための道具しか連想されない。そのため内容をタイトルから把握することが難しかった。

あくまでもこの作品は英語で「凍りついた（*Frozen*）」というタイトルをもち、英語圏だけでなく、通常はその意味内容で理解されている。ディズニーでも『魔法にかけられて（*Enchanted*）』は、内容を踏まえた邦題になっていた。

だが、作品でタイトルに形容詞一語が使われているものの邦訳では、カタカナ語のままも多い。日本で二〇〇一年から放映された三人の魔女が活躍するテレビドラマは『チャームド　～魔女3姉妹～』となった。二〇〇三年からアメリカで上演されたミュージカルの『ウィキッド（ウィケッド）』は、『オズの魔法使い』における悪い魔女の視点による読み直しである。日本語表記が二つあるのは、劇団四季版とユニバーサル・スタジオ・ジャパン版の違いによる。「チャームド（*Charmed*）」は、「魔法がかけられた」ということだし、「ウィキッド（*Wicked*）」は「邪悪な」という意味になる。このように形容詞をしめす過去分詞が一語だけのタイトルの邦題作品も公開されてきたのだ。

すでにディズニーは、グリム童話をもとにした『塔の上のラプンツェル』で、邦題を大きく変更していた。原題は「絡まった（*Tangled*）」という単語一つのものだった。髪の毛から人間関係そして筋までの絡まった内容を描くため、日常的な語がタイトルに選択されたのだろう。しかしながら、邦題はキャラクター重視で、ラプンツェルを浮かびあがらせた。どうやら、こうした先例が『アナと雪の女王』というタイトルを生み出した背景にある。しかも、英語タイトルが『マレフィセント』のようにキャラクターをはっきりとさせる場合には、「マレフィセントと眠れる森の美女」などとはつけずに、邦題もそのままなのである。

確かに、「フローズン」ではヨーグルトなどへの連想がわく危険もあったはずである。冷凍食品の話ではないので、原作として下敷きにしたアンデルセンの「雪の女王」が持ち出されたのだろう。この作品では、「雪の女王＝エルサ」となるから、アナとエルサの姉妹をしめすために、「アナとエルサ」つまり「アナと雪の女王」となったのだ。『アナと雪の女王』というタイトルはそれなりに相応しい選択だったのだが、さらには何でも四つの音に略すという日本の習慣のせいで「アナ雪」となって通用している。それだけ親しまれて広がり定着したのである。

❄作品世界の歩き方

本書は、『アナと雪の女王』を、『フローズン』として味わうための手がかりを冒頭からたどっていくものである。『アナと雪の女王』は、アンデルセンの原作では冷酷な存在とされる「雪の女王」をみごとに読み替えた作品だ。そして、タイトルにある「凍りつく」ことに関連したイメージが映像と歌詞にどのように張りめぐらされているのかを注意深く確認することで、作品世界を深く味わうことができる。映像作品は、あらすじだけではなかなか全貌はわからないのだ。

まだ鑑賞していない人には、できればＤＶＤなどで『アナと雪の女王』を観てから読んでもらいたい。それも、日本語の吹替版や日本語字幕版で鑑賞するだけではなくて、できれば英語の字幕版に切り替えて観てもらえるともっと楽しめるのではないか。本書で紹介したキャラクターたちが歌や台詞で使っている言葉のニュアンスをうまく捉えられるはずである。また、作品世界をていねいに歩くことで、たとえあらすじや結末をすでに知っている人でも、見逃していた映像の意味や、翻訳ではわからなかった歌詞の真意に気づくことができる。幼い頃に一度観ただけで細部をあまり覚えていなかったり、吹替版だったので英語の台詞や歌詞がよくわからないままだったりする人でも、笑いや細かなニュアンスについての新しい発見があるはずだ。

二度目以降の場合には、『アナと雪の女王』を妹のアナの側から観るか、あるいは姉のエルサの側から観るかという立場の選択によっても、作品の印象に違いがでてくる。それどころか、「悪役」であるハンスの立場から観ることさえも可能かもしれない。全体の流れと結末がわかって見直すからこそ、立場の違いや価値観の違いを楽しむ余裕も生まれるのである。もちろん、本書は、『アナと雪の女王』の作品世界の一つの歩き方をしめしているだけだが、道案内の地図となることを願っている。

❄全体の構成

本書の全体の構成について簡単に述べておこう。

第1部は「凍りついた（*Frozen*）」という原題に注目しながら、ストーリーを追っていく。

第1章「凍りついていく世界へ」では、最初の一分半の重要性を指摘し、「氷の心」の歌詞に、その後必要となるキーワードが盛り込まれている点を明らかにする。「レット・イット・ゴー」という単語さえ入っているのだが、あまり気づかれてはいない。

第2章「トロールの教えと姉妹の距離」では、もともと悪い存在として知られているトロールが善玉と書き換えられた点に日本のアニメの影響を考え、トロールの治療による記憶の違いが姉妹の対立を生んでいくことを確認する。「雪だるまつくろう」がそのズレを見事にしめしている。

第3章「王国の継承と姉妹のすれ違い」では、女王となる戴冠式に不安を抱えているエルサに対して、アナが広間の絵に同調しながら踊ることで、二人の課題が、王位継承と結婚とに分かれたことがわかる。「生まれてはじめて」の歌によって、二人の違いが見えてくるのだ。

第4章「エルサの変身」では、「レット・イット・ゴー」を中心に分析する。歌の元ネタとなった有名なアメリカ小説についても触れる。この歌の場面で、エルサが、ハンスと婚約を決めたアナとある面で対等になることが鍵となる。

第5章「アナの求婚者と援助者」では、ハンスとクリストフという、対照的だがアナの変身を促した人物を扱う。十三番目の男としてのハンスは裏切り者となるし、聖者の名をもつクリストフはその名の通り援助者となる。「トナカイのほうがずっといい」でしめされるクリストフとスヴェンの関係は、サーミ人のあり方とつながる。ハンスとクリストフの役割は異なるが、どちらもアナの「真実の愛」の相手とはならないのだ。

第6章「オラフとマシュマロウ」では、エルサが作り出した二つの人工物がもっている役割の違いをはっきりとさせる。オラフの歌「あこがれの夏」が全体の上映時間の半ばで歌われる意味を明らかにした。ここが物語の分岐点となっている。

第7章「夏の回復と女王の帰還」では、前半のミュージカル映画が後半ではアクション映画となっていく流れを追っている。トロールの谷で歌われる「愛さえあれば」が英語では別のニュアンスをもち、アナとクリストフの対立が解けていく理由を教えてくれる。そして、ディズニーらしく最終的に魔法は否定されずに終わるのである。

第2部では、『アナと雪の女王』を新しく見直す視点を二つ提示した。

第8章の「ディズニープリンセスの系譜のなかで」では、ディズニープリンセスの系譜を四期に分けて論じ、さらに大人向けのディズニー映画を製作するタッチストーン・

ピクチャーズの映画の影響を考える。そこから、「ガラスの天井」と「シスターフッド」という現代の女性にとっての課題が浮かびあがる。

第9章の「二つの物語の系譜のなかで」は、アンデルセンの「雪の女王」から『アナと雪の女王2』『天気の子』にいたる関連作品を扱い、「雪の女王」と『白雪姫』に発する二つの物語の系譜が、『アナと雪の女王』で交差していることを確認する。

※なお、本書のなかで言及する作品はすべて「ネタバレ」となっていることをお断りしておく。

＊＊＊＊＊＊＊＊＊＊＊＊＊＊＊＊＊＊＊＊

◎註

＊1　https://www.newyorker.com/books/page-turner/translating-frozen-into-arabic

＊2　https://www.youtube.com/watch?v=L0MK7qz13bU

＊3　「アナとエルサを現代女性に置き換えてみると…『アナと雪の女王』のメッセージ」

https://www.oricon.co.jp/news/2037284/full/（二〇二四年五月十日記事）

第1部　ストーリーを追って

第1章 凍りついていく世界へ

❄ディズニーのロゴから物語は始まる

邦題の『アナと雪の女王』ではなく、あくまでも原語の『フローズン』としてこの作品を考えていきたい。それが製作者のさまざまな願いを込めたタイトルだったからだ。「凍りついた」というイメージは重要なのだが、作品の舞台のモデルとなったスカンジナビアの風景を知識としてではなく、映像体験として観客に納得させなくてはならない。それを実感させるために、細心の注意が払われていた。

作品というものは、視聴し始めた瞬間から、観客に何かを語りかけているものである。物語自体はまだ幕を開けていないので見過ごされがちだが、冒頭に「ウォルト・ディズニー・ピクチャーズ」のクレジットが登場する。ここが静かな予告編や序曲の役目を果たしていたのである。

冒頭に登場するディズニーロゴには、いくつかのパターンが存在するが、『アナと雪の女王』公開当時に流れていた大多数の映像は次の通りである。夜空に星が一つ輝く姿が強調される。『ピノキオ』（一九四〇）に出てきた願いを込めて祈るあの星である。そしてカメラが雲の下へと降りると、町のなかを川が流れていて、帆船が映像の奥へと進んでいるのが見える。そして灯りをつけた蒸気機関車が鉄橋を渡ってくると、城の上の旗が見えて、花火が上がり、しだいにシンデレラ城の全景が明らかになる。そして右から左へとティンカーベルのような光が飛んで、ディズニーのロゴが浮かびあがる。

ただし、この映像は内容に合わせて姿を変える。アフリカを舞台にした『ターザン』（一九九九）だと背景がジャングルになり、『メリー・ポピンズ・リターン』（二〇一八）だとロンドンの風景になる。ホラーものやSFのジャンルの場合には、シンデレラ城が幽霊屋敷や機械じかけに変化する。『魔法にかけられて』（二〇〇七）のように、絵本のように全体が折りたたまれた場合もあった。作品世界への導入として、映像も工夫されるのだ。同時に流される音楽は『ピノキオ』で使われた「星に願いを」のメロディが一般的なのだが、変更される場合も珍しくない。

今回の『アナと雪の女王』では、映像は標準的だが、音楽は定番の「星に願いを」ではなく、「ヴェリィ（Vuelie）」が流され、作品世界への道案内をしている。「ヴェリィ」は、ノルウェーの作曲家フローデ・フェルハイムにより作曲された。フェルハイム自身がラップランド（スカンジナビア半島北部からロシアにかけての一帯）のサーミ人で、「ヨイク」と呼ばれるサーミ人の原始宗教や心性と結びついた歌唱法と、西欧伝統のクラシックやポップスとを融合して新しい曲を作ってきた。この「ヴェリィ」も十年前にヨイクとデンマークの賛美歌を融合させて作曲されたもので、既存の作品だったのである。

歌詞は「ナ、ナ、ナ、ヘイヤナ」と始まり、どのように聴いても英語ではないし、ノルウェー語でもサーミ語でもない。作曲者フェルハイムへのインタビューによると、歌詞に特段の意味はなく、ヨイクに合わせた無意味なものだった。そこにもともとは賛美歌の「わが主いとうるわし」に基づくデンマーク語の歌詞が重なっていた。デンマーク語は原作者のアンデルセンの母語でもあり、「雪の女王」はこれとは別の賛美歌がモチーフとなっているので、ふさわしいようにも思えるが、ディズニー側は、キリスト教的な要素の部分を削除するように求めてきたのだ。おかげで純粋に音だけで意味をもたない歌詞の前半部分が残った。*1 女声合唱団カントゥスによって歌われ、エンドロールにも登場して印象深い。しかも「ヴェリィ」は続編やミュージカル版にも繰り返し登場し、『アナと雪の女王』フランチャイズ全体を貫く主題歌となった。

花火に彩られた姿をみせるシンデレラ城こそが、アレンデール城が目指すべき理想の姿となり、そこに向かって物語は進んでいく。しかも、全編を通じて、エルサが花火のように下から氷を天井や空に打ちあげる姿が何度も描かれるのだ。冒頭の映像ではシンデレラ城の次に「蒸気船ウィリー」の口笛を吹くミッキーが姿を見せ、「ウォルト・ディズニー・アニメーション・スタジオ」のクレジットが出て、これが紛れもなくディズニー作品であると印象づける。

物語と関係する最初の物体として画面に現れるのは雪の結晶である。「ヴェリィ」が流れるなか、画面に六角形の結晶がくるくると回転しながら降りてくる。しかも、同じ形ではなくて、次々と別の形の結晶が姿を見せるのだ。

この雪の場面は『ファンタジア』（一九四〇）に出てくる、ロシアの作曲家チャイコフスキーの「花のワルツ」に由来し、オマージュを捧げているのは間違いない。「花のワルツ」では秋から冬にかけて、妖精たちが木の葉を枯らし、霜をもたらし、水面を凍らせるとその上でスケートをしてスパイラルを描くのである。これは、エルサが「レット・イット・ゴー（Let It Go）」を歌いながら、魔法によって周辺に氷のスパイラルを作る画と似ている。また、雪の結晶が降り注ぎ、妖精たちのスカートのようになる。この見事な場面を、当時男性のアニメーターたちは「女性的すぎる」と評したが、『ファンタジア』

のコンセプト・アーティストであるシルヴィア・ホランドが、現在の繊細な表現に仕立てあげた。それを『アナと雪の女王』の共同監督で脚本も担当したジェニファー・リーが踏襲したのである［Holt: 317］。

そして、「ＦＲＯＺＥＮ」のＯのなかに雪の結晶が入ってタイトルが凍りつき、全体が強調される。ここまでで一分少々だが、すでに物語に必要な手がかりが並んでいる。Ｏという文字は、円形であることから、指輪と王冠を連想させる。指輪はアナがになう結婚話の象徴であり、王冠はエルサがになう王位継承の象徴となる。同時にあのクルエラ・デ・ビルが活躍する『１０１』（一九九六）が「ワンオーワン」と発音することでわかるように、数字のゼロとも重なり空虚さをしめすのだ。

作品全体に、指輪と王冠の両方への空虚さと意味についての問いかけがあり、伝統的なディズニープリンセスとは異なる話となることが予告されている。ハッピーエンドではあっても、アナの結婚式で終わらないことに観客はもっと注意を払うべきである。確かにクリストフとの婚約くらいはあるかもしれないが、それが実現するのは、あくまでも続編の『アナと雪の女王２』においてである。

響き渡る「ヴェリィ」は、歌詞の意味がわからないからこそ、英語世界を超えた神秘的な世界を感じさせる。それとともに、カントゥスによる女性合唱が、エルサとアナの姉妹の愛を歌いあげるハーモニーをもたらしている。物語の序盤と中盤で、アナとエルサは「生まれてはじめて（For the First Time in Forever）」の二重唱を歌うのだが、どこかすれ違いになる。だが、「ヴェリィ」の女性合唱のハーモニーこそが、二人が最終的にわかりあえる状態をしめしていた。作品の底流に、たとえ聴こえなくてもどこかで流れていて、何かのきっかけで浮上する主題曲なのである。

また、タイトルに入った雪の結晶も適当に選ばれたわけではなく、重要なアイコンとなっている。氷の宮殿以降、エリザベス朝ならぬエルサ朝をしめす紋章となり、クリストフが王国公認の氷配達人となった印として、トナカイのスヴェンが首からこの紋章をぶら下げる姿が確認できる。

ちなみに、エルサとはエリザベス（エリザベート）のドイツ語の愛称でもある。「ヴァージン・クイーン」と呼ばれ、終生結婚をしなかったエリザベス一世を考えると、「雪の女王」としてのエルサの造形や名前の選択に影響を与えた可能性もある（王朝の存続からすると、結婚するアナ女王が引き継ぐ話が『アナと雪の女王2』に出てくるのは当然なのである）。そして、エルサが統治するアレンデール王国の城の上にも、この雪の結晶の紋章がきらめくことになる。

このように物語の展開に必要な要素が出揃ったところで、ようやくアレンデールで暮らす人々の営みが映し出されるのである。

❄コロスとしての「氷の心」

タイトルが凍りつくといきなり水中から氷を見あげる画面に変わる。靴底が見え、ノコギリが差し込まれる。町へと氷を売りに行く氷配達人の群れが、氷を切り出す場面が続く。みんなで、ソリに氷を積むまでの労働歌として歌うのが「氷の心（Frozen Heart）」だった。「ヴェリィ」はカントゥスによる女声合唱だったが、対比されるように、これは男声合唱によって歌われるのだ。

夜明け前の暗がりのなかで、リズミカルに氷がノコギリと三叉槍で四角い塊に切り出される。氷つかみで引きあげると、氷配達人たちは、氷を担いでソリに載せていく。その集団に、小さなクリストフとトナカイのスヴェンが入っていて、クリストフは小さな氷つかみを使うと、ランプを下げたスヴェンが引く小さなソリに載せるのだ。オーロラの下で彼らが町へとソリを走らせていくところで歌が終わる。

歌のタイトルは「氷の心」と訳されているが、氷でできた心だと解けたら水に戻ってしまうかもしれない。正確には「凍った心」なので、解けて元に戻る余地がある。歌詞は、冷たい冬の大気と山の雨が結びついて生まれた氷の力には、採掘する価値のある凍った心がある、と始まる。「中心」とか「核」という意味の「ハート」の響きも合わせもつ。労働歌らしく、氷の核をつかまえるのが、氷配達人に必要な技だ、という心得を歌っている。

氷がもつ危険性も指摘され、「汚いときれい（foul and fair）」という二つの要素が取りあげられている。この二つの単語はシェイクスピアの『マクベス』で、魔女たちによる「汚いはきれい、きれいは汚い」という台詞として有名である。「汚いときれい」は別々に見えるが、どちらでもありえるという両義的な意味をもち、エルサの魔女のような扱いを考えると、歌詞に入っていても不思議ではない。また「冷たくて濁りのない」氷がもつ「美しくて、力強くて、危険で、冷たい」という特徴が語られている。

そして、「氷には魔法（magic）がある」として、それは「制御がきかない（can't be controlled）」とみなされる。氷は百人の男よりも力強いとあるが、男声合唱によるので、氷がいつしか冷たい心をもった「女性」、それも魔法の力をもつエルサを歌っているように聞こえてくるのである。しかも、繰り返される掛け声には「レット・イット・ゴー」という言葉が入っているが、日本語字幕では無視され、吹替版の歌詞では氷を「あげろ」となっている。

このように「氷の心（＝凍った心）」の歌は、氷を採取する際の心得を歌っているようでいながら、物語全体の流れやキーワードが散りばめられ、一種の予言となっている。この歌は登場するキャラクターの運命を予告するコロスの働きをしている。コーラスの原義ともなったギリシア悲劇のコロスは、歌いながら主人公たちの運命をしめす群舞をする集団を指していた。この後、氷配達人が集団で登場する機会はないが、民衆として歌いながら氷を採取する一団はコロスにふさわしい。彼らは互いに台詞を交わすことはなく、あくまでも歌ですべてを表現しているのである。

そして、凍りついた氷の層であっても、ノコギリで切れ目が入ると割れるのである。その切れ目から光が差し込む瞬間をタイトルのすぐ後で観客は体験する。世界や人間関係が凍りついていく物語にもたらされる救済のイメージとして、この光の出現のショットは重要である。しかも、壊すためには誰かが氷にノコギリを入れる必要がある。その役目をになうのが、クリストフとスヴェンだと暗示されている。

曲の最後では、長く見つめると人を惑わすというオーロラが、氷配達人たちだけでなく、彼らが氷を届けるアレンデール王国の人々を見下ろしているのだ。

心臓を凍らせる危険

上空のオーロラへとカメラが上がり、そして下がると、そこにはアレンデール城が映し出される。朝になって、寝ているエルサをアナが起こす場面になる。眠たいエルサが文句を言ったのに対して、アナは「空が目を覚ましたからだ」と言う。遊びたいと言って自分の上へ乗ってきたアナをエルサは落としてしまう。朝になってもエルサが起きないほうがなんとなく悪いようにも思えるが、朝といっても、日本を基準にしてはならないだろう。

緯度の高いノルウェーに舞台が設定されているので、本格的に冬がやってくると一日中夜の闇に閉ざされ、夏には逆に太陽がいつまでも沈まない「白夜」がある。ノルウェー国内でも南に位置する首都オスロであっても、六月の夏至の頃には、日没が午後十一時で日の出が午前三時頃となる。ましてや、トナカイやサーミ人が暮らすスカンジナビア半島北部の北極圏になると、太陽が沈まない完全な白夜が訪れるのである。この物語の大部分が真冬ではなくて、昼間の時間が長い夏を舞台に進行している（「氷の心」の場面以外で、冬に窓の外に雪が降っている状況が確認できるのは、「雪だるまつくろう」の歌くらいである）。

姉を誘惑する言葉を思いついたアナは、「雪だるまをつくりたくない？」と口にする。エルサはその話に乗って、城の大広間のドアを閉ざすと、自分の「魔法」を披露する。両手で丸い形をつくると、そこに雪玉が生まれる。そして、大きな雪玉を重ねて、ニンジンの鼻をもつ雪だるまのオラフ（Olaf）を作りあげるのである。「あったかいハグをして」とエルサが言うとアナがオラフに抱きつき、さらにスケートをしたり雪のすべり台を楽しんだりする。

すっかりと雪景色になった大広間のなかで、アナの行動は、しだいにエスカレートし、エルサが生み出す氷の柱をジャンプをしながら次々と飛び移る。エルサはアナの下に氷の柱を作っていくが、アナの飛び移るスピードに追いつくのがやっとで、足を滑らせ転んでしまうのである。そのとき、間に合わなくなるのを恐れて放った雪の魔法が、アナの額に当たってしまう。直撃して落下したせいで、アナは気を失ってしまった。騒ぎに駆けつけてきた両親に、エルサは「事故だったの」と言い訳をするが、国王は「どこに行くべきなのかはわかっている」と返答するのだ。

アナの治療のために、トロールたちのもとへと訪れる必要があるので、父親はルーン文字で書かれた古い書物のページを開き、そこに治療をするトロールの姿と、一枚の地図を発見した。こうしてアナとエルサは、宮殿の外、さらには都から離れたトロールの世界へと入っていくのである。

ここまできて、コロスのように「氷の心（Frozen Heart）」という歌が冒頭で流された理由がわかる。「ハート（heart）」という英語の多義性がうまく利用されている。エルサの魔法はイリュージョンではなくて、直接アナの心臓を凍らせて、死に至らせる危険をもっているとしらされる。心臓という身体的な動きの中心をになう部分を止めてしまう力を秘めているのだ。そして心理的な領域を凍らせるのは、この事故の後で生じるエルサにとっての試練や葛藤とつながる。

それとともにわかるのは、クリストフたちが採取していたものが、冷たい冬の大気が山の雨を凍らせてできた天然氷であり、エルサが魔法によって大広間に作り出した人工の氷と対照的だということである。この後で、道中の仲間として大切な存在となるオラフも、この時点ではあくまでもエルサが作った雪だるまであり、自分から喋《しゃべ》ったり動けたりはしないのである。アナに魔法を当ててしまったエルサは、人為的に雪や氷を作るという、世間には忌まわしい存在であり、エルサの魔法は天然ではない雪や氷を作り出す技術として、是非が問われているのだ。

＊＊＊＊＊＊＊＊＊＊＊＊＊＊＊＊＊＊＊＊＊＊＊

◎註

＊1　野崎洋子「北方民族サーミの音楽、ヨイクに触れる」

https://mikiki.tokyo.jp/articles/-/23508

作曲家へのインタビュー

https://animatedviews.com/2014/composer-frode-fjellheim-on-frozens-native-spirit/

第２章　トロールの教えと姉妹の距離

❄トロールの教え

両親は、二頭の馬を走らせて、アナとエルサをトロールの住む場所へと連れて行く。エルサを乗せた馬の後ろに氷の跡がつき、緑の上に白い筋が残る。そして彼らは森のなかに住んでいるトロールを探し求めていた。

「助けてくれ、私の娘だ」と国王が声をかける。ここでの国王と王妃は、あくまでもエルサとアナの「パパとママ」であり、固有名をもっていない（明らかになるのは続編である）。そのせいで、彼らの必死の姿は、夜に自宅で急病になった娘を連れて、腕の良い医者を熱心に探すような世間一般の父母の姿と重なるのである。二頭の馬の足跡が、病院を求めて走る車の轍《わだち》のようにさえ見えるのだ。

トロールは最初地面に置かれた丸い土玉か石の姿をしている。彼らのいる場所は「生きている石の谷」と呼ばれる。緑のコケがついて石に見えたものが回転すると、灰色がかった顔が現れ、緑の服から手足が出て、歩き出すのである。

「王だ」とトロールたちが声をあげるので、どうやらアレンデールの国王を知っているようだ。トロールの長である「偉大なるパビー（Grand Pabbie）」が姿を見せる。国王の開いた書物の挿絵には、横たわった人間を施術するトロールが黒いシルエットでどこか不気味に描かれていた。実際のパビーは、心優しい言葉をかける長老であり、治療する超自然的な力を宿している。

パビーはアレンデールの国王に、アナに魔法が直撃した箇所が、心臓ではなくて頭だと確認すると、「頭は説得させられる（persuaded）」と言う。そして、治療としてアナの記憶の改竄《かいざん》を行なう。楽しい記憶だけを残して、魔法に関する記憶は削除してしまうのだ。「魔法医（ウィッチドクター）」の役目をパビーは果たしていることになる。そして、エルサに自分の能力を自制することを学ぶように諭すのである。

しかもトロールの長のもとへ、国王夫妻が娘を連れてきて、治療を頼むようすをクリストフとスヴェンが目撃している。クリストフたちは、氷を夏用のソリで運ぶ途中で、通り過ぎる国王たちの馬と出会った。氷に目がないクリストフは、馬が通った後、道が凍る現象を見てその後を追いかける。そして氷の跡をたどって、トロールたちの居住地にたどり着き、アナとエルサの秘密を知ってしまうのである。「凍った心」を砕く役目がクリストフたちに与えられるのは、国王一家とトロール以外に誰も知らない秘密を共有したせいでもある。ただし、クリストフはエルサがアナに魔法を使ったところを見てはいないので、アナが治療を受けたことしかわかっていない。

❄善玉としてのトロール

ここでのトロールの役目は、パビーを筆頭に森の賢者であり、アナたち人間の援助者である。また、トロールの一人ブルダは、クリストフとスヴェンのどちらも「かわいい人たち（Cuties）」と気に入り、「手元から離さない」と決めて養母となった。トロールは集団で登場するが、冒頭の「氷の心」を歌う氷配達人とは異なり、それぞれが台詞も話すし、名前がついてキャラクター分けされている。緑の髪が生えた顔は識別しにくいが、首からぶら下げたネックレスの結晶の色がジェンダーをしめしている。ピンクや赤が女性で、青や緑が男性である。パビーだけが黄色いのである。トロールたちは人間を嫌悪せず、むしろ温厚で人懐っこいと感じられる善玉といってよい。

ところが、ノルウェー民話に出てくるトロールは悪戯《いたずら》好きで恐ろしく、ときには巨大な怪物の姿が与えられてきた。グリム兄弟に倣《なら》ってアスビョルンセンとモーが収集した『ノルウェー民話集』（一八四二）に、トロールがたくさん登場するが、いずれも怪物的な姿をしている。大食いで、人間に悪さをし、危害を加えるのである。

ノルウェー民話の「ふとりたくて丘にゆく三匹の牡《おす》ヤギ・ブルーセ」（佐藤俊彦訳）は、トロールに食べられそうになった大中小のヤギが、知恵を働かせて災難を切り抜ける話である。日本でも絵本の『三びきのやぎのがらがらどん』（せたていじ訳）として知られる。また、北欧神話にヒントを得たＪ・Ｒ・Ｒ・トールキンの『ホビットの冒険』（一九三七）の第二章に出てくるトロールも、大男の三人組だった。羊をまるごと焼いて食べていて、人間の肉の味が恋しい、などと物騒なことを口にしていた。運悪く見つかってしまった主人公のビルボが無事に生き延びられたのは、トロールどうしが喧嘩《けんか》をしたおかげである。またＪ・Ｋ・ローリングの『ハリー・ポッターと賢者の石』（一九九七）の第十章では、ハロウィーンの日に灰色のトロールが出現した。

このようにゲルマン神話や北欧神話に姿を見せるトロールは、ほとんどが巨人や怪物のイメージであり、ディズニーも基本的にそれを利用してきた。『魔法にかけられて』に出てくるトロールは、巨大な口をした茶色い怪物だった。『アナと雪の女王』と同時期の二〇一三年からディズニー・チャンネルで放映された『なんだかんだワンダー』の

第五話に出てくるトロールは、紫色の鼻をして体が緑色の宇宙人で主人公たちを困らせた。

ところが、アレンデールにいるトロールは、アナやエルサたちに悪戯や意地悪をすることはない。丸い姿は、雪だるまや雪玉の延長に思える。もっとも、初期の構想には従来のトロールイメージの絵もあったのだが、それは採用されなかった［Solomon: 116-7］。

こうしたトロール像の変化の背景には、製作総指揮をとったジョン・ラセターの影響があるのかもしれない。ラセターは『トイ・ストーリー』（一九九五）で知られるピクサーの創設者であり、その後ディズニーに併合されたことをきっかけに、ディズニーの経営のトップに立った。長編の立体アニメーションでは陣頭指揮をとる。だが、経理や営業といった経営部門の出身ではなく、創作者なので、2D作品の重要性も理解しているし、それだけ作品内容に関与することが多く、ストーリーの決定から背景美術など細かな部分にまで指示を出したことが資料などからもわかる。

ラセターは、『三びきのやぎのがらがらどん』にヒントを得て、トロール像を転換した宮崎駿の『となりのトトロ』（一九八八）のファンでもある。高畑勲に案内されて製作現場を訪れ、ねこバスなどを見学していた。それが、トトロがサツキとメイを助けたように、援助するトロールという役割の導入につながった可能性は高い。その後、スタジオジブリの海外配給権をもち、作品制作に資本を投下するなどディズニーが深く関係することと考えると、むしろ影響を受けないほうが不思議だろう〔叶精二『「アナと雪の女王」の光と影』参照〕。

どうやらディズニー内部でトロールの位置づけや性格づけが変ったようである。二〇一三年から放映された『ちいさなプリンセス ソフィア』でも、登場するトロールは緑色の肌をした生きものだが、人間を襲うような怪物的なイメージは消えていた。人種的な特定をしないために緑色の肌が選ばれたのだろうが、髪の毛もあり、服も着ていて、ふつうの人間とそれほど変わらない。ソフィア一世が歴代のディズニープリンセスにプリンセスの作法を教えてもらう内容であり、ディズニージュニアというチャンネル向け作品という制約もあるのだろうが、トロールのイメージの転換が『アナと雪の女王』の公開前後にあったのは間違いない。それが、国王一家の援助者としてのトロールという位置づけを際立たせることと結びついている。

❄魔法の来歴

パピーは、エルサに関して「能力をもって生まれたのか、それとも呪いによるのか？」と国王に質問する。これはさりげないが重要な問いかけである。どうやら、エルサのもつ雪や氷を生み出す能力（＝魔法）は、生まれつき以外に誰かに「呪われて（cursed）」も獲得できるものらしい。戴冠式の騒動で、エルサの力を目撃したウェーゼルトン公爵は、「魔術（sorcery）」と恐怖を口にする。王国のなかにも魔女が潜んでいるという恐怖をあるのである。そして、アナに対して「お前のなかにも魔術があるのか？」と問いかける。アナは「まったく正常な人間よ」と返答する。もちろん、エルサの魔法で遊んだ記憶を消されているので、普通の人と同じように魔法を嫌悪しているのである。さらに公爵は、アレンデールの都がエルサの力で氷や雪に閉ざされたようすを見て、「女王はこの土地に呪いをかけた（The queen has cursed this land!）」と叫ぶ。

たえず、ウィーゼルタウン（つまりイタチの町）と間違えて発音されるウェーゼルトン公爵は、英語では密告者やコソコソした男を意味するイタチのイメージをまとっている。そして、彼が発する「魔術」や「呪い」という言葉そのもの自体が、人々のなかに呪いの連鎖を生み出してもいる。呪いを断ち切るためには、呪いをかけた本人を見つけ出して止めなくてはならない、というのは、皆が了解している考えだ。やはりアナも同意するこの考えを、人々が「雪の女王＝エルサ」を追い詰める際に、根底に抱いているのである。

国王はパビーの質問に対して、「生まれつき（born）」と返答した。そのおかげで、パビーは、エルサに呪いをかけた相手を探し出す必要がなくなり、アナの治療に専念できたのだ。物語の展開においては、そのほうが都合が良い。白雪姫の美しさに嫉妬して、毒リンゴを与えようとする継母のような、エルサを呪っている相手を設定する必要がなくなる。

しかしながら、エルサの魔法が生得的な能力だとすれば、父と母のどちらかの血筋から伝わったかもしれない。一方あるいは両方から遺伝した忌まわしい能力だったのか、という疑問さえ残る。エルサに「魔法」をもたらした王家の血筋をめぐる疑念に関して、『アナと雪の女王』は答えや手がかりを与えてはくれない（第9章で続編に触れる）。

このようにパビーへの国王の返答には、別の恐ろしい可能性が秘められている。もしも、エルサの「魔法」が両親から受け継いだものだとすれば、アナも同じようにその血を引き継いでいる。もちろん、姉に魔法をねだる幼いアナは能力をもっているようには見えないが、彼女にも能力が潜んでいるのかもしれないのだ。遺伝学でいう「顕性」と「潜性」の関係である。

パビーはエルサに教え諭すために、空にエルサとおぼしい人影と周囲の人々のシルエットを浮かべて見せた。そして、「美しさもある」が「危険もある」と、映画冒頭の「氷の心」で氷配達人たちが氷について述べた両義性を繰り返すのだ。エルサは自分の能力を制御することを学ぶべきで、その際に「恐れ（Fear）こそが敵となるだろう」という。エルサらしき人影から現れた水色の大きな雪の結晶が赤く染まり、人影をも赤く染めて、周囲の人々の「恐れ」が、エルサを追い詰める結果になることが予告される。

ここでパビーが「美しさ」に言及している点にも注目すべきである。能力の正しい使い方をするならば、それは美しさにつながる。「恐れ」は、「氷の心」の歌で、「恐れのために氷を打つ」と歌われていたことと呼応している。また、そこでは「愛（Love）のために氷を打つ」が対になっていた。結局パビーの力をもってしても、エルサから能力そのものを消去することはできない。そのため、傷つけたアナに対する負い目によって、エルサは自分の心と能力をいわば「凍りつかせる」のだ。それは成長とともに強くなっていく内面の感情を抑えることでもあった。

❄姉妹の分離

パビーの教えに従って、国王は、自分の内側にある忌まわしい力を制御し、感情の高ぶりを抑圧することを、エルサに求めた。それを彼女は守るのである。それに対して、アナは「楽しいこと（fun）」だけを記憶に残されたおかげで、自分の欲望を開放できて、罪の意識にさいなまれているエルサとは異なっている。エルサとアナとの間で、幼少期の出来事に関する記憶の違いがあることが、年齢差だけでなくそれぞれの性格づけとして働いている。

姉妹のあり方を対照的にしめしているのが、「雪だるまつくろう（Do You Want to Build a Snowman?）」の歌が流れる場面である。国王は、城の門を閉め、使用人も減らし、エルサを部屋のなかに閉じ込めて、秘密を封印した。その後アナとエルサの姉妹が分離された状態にあることが観客にもわかってくる。

アナとエルサは、オラフを作った「雪だるま」の思い出を共有しているが、それはエルサがアナを傷つけた思い出ともつながっている。楽しい思い出が同時に悲劇と結びついているのだ。だからこそ、「雪だるまをつくりたくない?」というアナの誘いが、もっともエルサを苦しめる結果となる。記憶を消されたアナはそれに気づかないわけだが、二人の間での雪だるまの記憶の差が、この歌に残酷な悲しさをもたらしている。

歌の一番は、五歳のアナ（エルサは八歳）が歌う。窓の外に雪が降ってきたのを見て喜んだアナが、エルサの閉ざされた部屋をノックして、誘うのである。鍵穴からなかを覗き、さらに扉の下の隙間からようすをうかがう。だが、エルサが出てくる気配がないので、大広間にて一人きりで人形どうしを遊ばせながら「私たちは最高の相棒（best buddies）だったのに」と嘆くのだ。そして「雪だるまでなくてもいいんだよ」とまで言うが、

「あっちへ行って、アナ」と追い払われる。

一方で緑になった外の景色を窓越しにうれしそうに眺めていたエルサが、自分の手が触れた窓枠が凍りつくのに驚く。魔法を生じさせる感情の高ぶりは、どうやら怒りだけではないようだ。国王が、「感情を制御して」と教えながら、エルサに手袋をはめる場面が出てくる。はめたのは左手なのだが、右手にはすでに手袋がはめられている。これは「正しい手」としての右手の能力を先に隠すためだろう。「レット・イット・ゴー」に至るまで、どちらの手が手袋をはめているのかは重要である。エルサの手と手袋の関係については、第4章の「レット・イット・ゴー」の分析で触れたい。

次の二番では、もう少し大きくなった八歳のアナ（エルサは十一歳）が登場する。「広間で自転車に乗らない？」とエルサを誘う。そして、自転車の上に片足で立って、バランスを失って、アナは階段を落下していく。陽気で喜劇的なアナが表現されているが、階段下の鎧《よろい》が彼女を受け止めてくれた。

この後もアナの落下や転落は繰り返される。最初の深刻な落下は、エルサによる雪の魔法が直撃したときだった。だが、これはアナの記憶から消えている。「生まれてはじめて」の歌では、らせん階段をすべり降りて、階段下の鎧と握手をする。どうやら階段を下りるのには慣れたようすだ。だが、ハンスの馬にぶつかってボートに転げるなどし、落下は続く。北の山へと馬に乗って出かけていくが、馬が驚いた拍子に雪の上に振り落とされる。オーケンの小屋が見えた瞬間坂をすべり降りて川にはまってしまった。さらにマシュマロウ（Marshmallow）に追いかけられて氷の宮殿の前にある雪が積もった坂をすべり落ちることになる。アナを受け止める相手が、鎧や雪ではなくなっていくたびに、少しずつアナと周囲の関係が変っていくのである。

そして、「壁に掛かった絵に話しかけてしまう」と歌い、実際壁に掛かったジャンヌ・ダルクの絵が登場する。アナは「そこで頑張って（Hang in there）、ジャンヌ」と絵に語りかける。この絵は十九世紀のイギリスの画家ジョン・ギルバートによる水彩画の《ジャンヌ・ダルク》をもとにしていると考えられる。ギルバートは歴史的な内容の挿絵が得意で、レンブラント風にジャンヌを描いた。使用にあたって、アニメのキャラクターにふさわしいようにデフォルメされ、顔の左右の向きも変更されている。しかも、アナはソファに座って、下から見あげて指差しているのだ。

ここでジャンヌ・ダルクの絵が選ばれたのは意義深い。ジャンヌは百年戦争で、イギリスとの戦いでフランス軍の先頭に立った「男装の麗人」であり「オルレアンの乙女」として知られる。しかも、イギリス軍に捕まり、異端者として魔女のように火あぶりになって処刑されたのだ。これは「恐れ」によって周囲から迫害されるエルサの運命を暗

サー・ジョン・ギルバート《ジャンヌ・ダルク》
（ロイヤル・ウォーターカラー・ソサエティ所蔵）

示するようでもある。それとともに男装して、剣を持って戦う姿に、アナは憧れを抱いたのかもしれない。ジャンヌの姿は、アナが単身で北の山へと向かう決意をして、馬に乗って実行した態度とつながる。

最後に、大きな柱時計が出てきて、「空っぽの部屋で一人寂しく、時間がチクタク過ぎていくのを眺める」とアナは歌う。そして、床に寝転んだアナは「チクタク」と口にして、それに合わせて、右足と左足を動かす。平行に動く靴とそれを追うアナの目の動きが、交わらないアナとエルサを表しているようにも見えてくる。歌詞で二人がすれ違うようすを描き、観客が両方の気持ちを理解できるからこそ、交わらない二人の距離が実感できるのだ。しかも、もはや戻すことのできない時間を、柱時計という形で視覚化している。

❄国王夫妻の死

やり直しがいちばん効かないのが人間の死である。人間の死である。「雪だるまつくろう」の歌の間に、エルサの力が成長するにつれてしだいに強力になっていることと、アレンデールの国王夫妻の死が描き出される。十五歳のアナが十八歳になったエルサの部屋の前で一瞬ためらってから、ノックせずに通り過ぎ、二週間の旅に出る国王夫妻に抱きつく。そしてアナとは別に、エルサが不安げに国王夫妻を見送るのだ。

フィヨルドから乗り出した船は嵐にあい、波に翻弄される。国王夫妻の死はあくまでも間接的に描かれる。夫妻の肖像画に喪中の黒い幕が下ろされる。そして、二つの石の墓が建てられるが、とりわけ右の墓の形は、エルサが氷の宮殿を作る北の山と姿が似ている。そこからエルサにとって、北の山が父の国王の教えを守り、なおかつ乗り越えるための場所だとみなせる。しかも、両親が乗った船を飲み込んだ大波の形とも似ているのである。墓も、山も、波も、右側が曲線で、左側が直線の姿をとっている。エルサがアレンデール城を出てたどり着いた氷の宮殿が「死の世界」であるのは視覚上でも暗示されている。

喪服姿でアナは三番を歌う。ドアの外で「あなたがそこにいる（you're in there）のはわかっている」という歌詞は、ジャンヌ・ダルクの絵に向かって言った「そこでがんばって（Hang in there）」とも響きあっている。そして、「勇気をもて」と人々が口にしていると伝える。さらに「部屋に入れてくれ」と頼むのだ。十年以上部屋に引きこもっているエルサに対する切実な願いなのである。三番の歌詞で重要なのは、両親の死によって「私たちはお互いだけしかいなくなってしまった（We only have each other）」と確認するところである。そして、「雪だるまをつくりたくない？」と問いかけて終わる。これにより、雪だるまの思い出が二人を結びつけるものではなくなったことが確認できる。

歌い終わると、扉を背に廊下に座り込んだアナと、扉を挟んで部屋のなかにいるエルサも同じように座り込んでいる姿が確認できる。二人の横顔が似ていることに気づくとき、エルサとアナが姉妹であり、お互いが補いあう関係であるとわかるのだ。テンポよく進んできたが、ここで物語の方向は、アレンデール王国の内側をめぐると定まり、二人によって難題が生み出され、同時に二人によってしか解決できないことになる。

第３章　王国の継承と姉妹のすれ違い

戴冠式の朝

国王夫妻の死から三年経って、エルサが王位を継承する戴冠式が開かれる。アレンデール城の背後も緑に色づいて、城の門が開くことで見物に多くの人が訪れる。カメラが桟橋から王宮の門まで移動するにつれて、広場を群衆が動き回り、さまざまな人が入ろうとするようすがわかる。ワンシーンワンカットの手法であり、実写映画ならば、撮影するのには大変な苦労が必要となるが、アニメーションなので、かなり自由にカメラワークを作りあげることができる。そして、人々の断片的な会話と映像で、アレンデール王国をめぐる状況が語られていく。

帆船が港に入るところが見え、乗客たちが桟橋に降りてくる。「門はすぐに開きますよ」と言う案内人に誘導され、戴冠式に参加する正装で着飾った男女が歩いていくのだ。

カメラがそれを飛び越えると、母親と男の子が登場する。男の子が新しい服に「どうしてこの服を着なくちゃならないの?」と質問をすると、母親は「女王さまが成人なされたから（Because the queen has come of age）」と返答する。さりげない台詞であるが、とても大切な働きをしている。これは「成人式（coming-of-age）」としてよく使われる表現である。エルサが大人になったことなのだが、それとともに「お年頃」のように結婚適齢期に達していると判明する。エルサへの求婚者が殺到しないのは、長年門の奥に閉ざされていたために、誰もエルサの姿を見ていないせいでもある。しかも、すぐにハンスとの婚約に進むアナとエルサは対比されている。

そして、祝祭的な気分を盛りあげるために、親子の背後で広場に色とりどりのリボンがついた「メイポール」が立ちあげられる。メイポールは、ふつう五月一日の五月祭、いわゆる「メーデー」に立てられて、その回りでメイポールダンスが踊られる。地域によって、風習や開催される時期が異なるのだが、メイポールから推察すると、戴冠式が五月から六月の夏至にかけての出来事に思える。実際には、オーケンが「七月」と言っているように、七月なのであるが、春から夏の雰囲気が詰まっている。

使用されるポールは地域により特色がある。北欧での夏至祭で

北欧での夏至祭のポール（Corina Selberg/Pixabay）

アメリカでのメイポール（National Museum American History）

は、十字架をしめす十字の先端に三角と丸の装飾がほどこされる。ところが、イギリスからアメリカにかけては、メイポールの先端から長いリボンを伸ばして、それを皆が持ってぐるぐる回る。『アナと雪の女王』の資料を確認すると、両者を合成したポールになっている［Solomon: 39］。二つの文化圏の伝統が結びつけられているのである。「アレンデール王国＝ノルウェー王国」と勘違いしがちだが、アメリカの観客のために、なじみ深い要素がさりげなく取り込まれている。

次に、大人になったクリストフが、氷を売るためにトナカイのスヴェンにソリを引かせて広場にやってきている。クリストフのお尻をつつくスヴェンに彼は「何が欲しいのだい」と質問する。そうするとスヴェンは「スナックをくれ」と返答するのだが、これはクリストフが一人二役の「腹話術」をしていて、実際にスヴェンが話すわけではない。クリストフはニンジンを与えるが、全部飲み込んだスヴェンに「半分ずつ（Share）」と言って、口から戻させると残りを食べるのだ。冒頭からのクリストフとスヴェンの成長を見てきた観客にはこの仲の良さは納得できる。

それにしても、なぜトナカイにニンジンが与えられるのだろうか。北極圏に生息するトナカイは雑食で草やコケを主食としてはいるが、野生のニンジンは存在しない。ここでニンジンが出てきたのは、アメリカなど英語圏の子どもたちの習慣からである。クリスマスに、プレゼントを届けてくれたお礼として、部屋にサンタクロースにはビスケットやクッキーを、ルドルフなどのトナカイにはニンジンを用意しておく。このように「トナカイのためのニンジン（carrots for reindeer）」は定番なのだ。しかも、ニンジンはスヴェン（とクリストフ）の食料というだけでなく、オラフの鼻とも関係している。

ただし、トナカイは「ニンジンは嫌いだし、食べるのに無理をしなくてはならない、と専門家は警告する」とイギリスの新聞記事が指摘しているように、現実のトナカイの主食としてはありえない。[*1] それでも、ソリを引くトナカイがニンジンを食べることは、サンタクロースやクリスマスを連想させるのである。春の訪れを告げる夏至祭と冬の祝日であるクリスマスとが、七月に行なわれる戴冠式に重ねられているおかげで、祝祭的な雰囲気が倍増されているのだ。

一日中城の門が開くことを喜び、あわてて上着を着込んだアレンデールの国民らしい服装の夫婦が登場する。妻は「急いで、パーシー」と名前まで呼んでいる。さらに、細身のイタチのような姿をしたウェーゼルトン公爵が、二人のボディガードを兼ねた臣下を引き連れてやってくる。秘密めいた交易相手への好奇心に満ちていて、門が開いたら、「秘密を解き明かし（unlock）、その富を食い物にしてやる」と宣言する。明らかにアレンデール城を金庫か何かのように考えている。そして自分の陰謀をもらしたことにあわて、大声で「言い過ぎたか」と言うと口を塞《ふさ》ぐのである。

最後に、外国からの客である二人の男性は、「女王と王女に会いたいとうずうずしている（Me sore eyes）」と大げさな表現を使い、「二人は美しいに違いない」と会話を交わすのである。ここまでが一分間のワンシーンワンカットで表現されているのだ。

❄アレンデール王国

戴冠式が始まる前の桟橋から城の門までに達するワンシーンワンカットの場面で、アレンデール王国の状況が透けて見える。ファンタジーなので、どのような国なのかという詳細は不明であり、ノルウェー王国に現実還元しても、満足のいく説明はできない。ノルウェーの首都オスロとアレンデールは全く異なる。ディズニーのスタッフは、広範囲なスカンジナビアの文化を摂取して作品世界を作りあげたのである。

まずは、カリフォルニア州サンタ・バーバラ郡にあるソルバングの村を取材した。デンマーク系の住民が一九一一年に建てた村で、現在アンデルセンの人魚姫をエンブレムにして、「アメリカのデンマーク人の首都」を名乗っている。家並みから販売しているパンまでデンマークの文化を伝える場所である。ディズニー・スタジオと同じ州内の手近にある北欧がアレンデール王国のモデルとなったのだ。このような場所が国内にある

ガイランゲルフィヨルド（Hay Smits / Pixabay）

ことが、移民社会としてのアメリカの姿を映し出している。

さらに、ノルウェーの現地取材をしたことで、世界自然遺産にもなったガイランゲルフィヨルドが、アレンデール王国の位置するフィヨルドのモデルとなった。そこにアレンデール城と港町が置かれている。

そして、ノルウェー最大のソグネフィヨルドにあるバレストランド村の建物や風景が借用されている。戴冠式が行なわれるチャペルに利用されたのは、村の聖オラフ教会（St. Olaf Anglican Church）だった。これが雪だるまのオラフと無縁とは考えにくいだろう。聖オラフ教会は、樽板を使った木造の「スターヴ」様式で建造されている。

アレンデール城は、同じ地域にあるスター

スターヴ様式の教会（Neve Nera / Pixabay）

ヴ様式の代表として有名なボルグンド・スターヴ教会の外観を借用している。当初はモチーフだけにとどめていたところを、「最後までやってしまえ」というジョン・ラセターの激励で、かなりの部分を模倣している[Solomon: 43]。その結果、宮殿でありながら、教会的でもあるという建物ができあがった。冒頭の「ヴェリィ」でデンマーク語の賛美歌を削除したように、キリスト教的なモチーフを音楽や言葉の上では取り除きながらも、視覚的にはむしろ強調しているのである。

　アレンデール王国の紋章としてクロッカスが定められた。そのため扉などあちこちに紋章が描かれている。戴冠式に向かうワンシーンワンカットの部分でも、門とつながる石橋の両脇に立つ柱にエルサの横顔のついた旗が

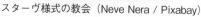

ひるがえるが、別のパターンの旗に紋章がある。また城壁の左右には紋章が大きくついている。アナが歌う「生まれてはじめて」で窓が開けられていく広間の壁や、銅像らしい男の頭部を投げつけたピンクのデコレーションケーキにさえも、クロッカスが描かれている。

それに対して、内装などのデザインの参考にされたノルウェーのペインティング（ローズマリング）に雪の結晶のものがある。これが雪の女王としてのエルサの紋章にインスピレーションを与えたとわかる［Solomon: 48］。『アナと雪の女王』という作品は、アレンデール王国のクロッカスの紋章と、氷の宮殿の雪の結晶の紋章が対立し、和解をしていく劇でもあるのだ。

アレンデール王国の領地の手がかりは、国王がアナの治療のためにトロールの谷に向かうときの地図として一瞬だけしめされる。また、フィヨルドには帆船がたくさん浮かんでいて、蒸気船が登場する以前にあった交易の姿が見てとれる。交易国として、ウェーゼルトン公国以外にも、有力な「南諸島」という国があるのは、ハンスが登場することでもわかる。また、交易品として外套《がいとう》などを輸出していることが、ハンスが外套を配っているときに「交易品に手をつけて」とウェーゼルトン公爵が批難することでわかる。

お金に関しても、クリストフがオーケンの小屋で持ちあわせの金が足りずに追い出され、代わりにアナが登山道具やニンジンを購入するのだが、支払う場面は出てこないので、どのような貨幣が流通しているのかはわからない。「十」とか「四十」という数字しか出てこないので、貨幣の単位はノルウェーのクローネでもアメリカのドルでも考えられてしまうのだ。

エルサがアレンデール王国を引き継ぐことになるが、その王位継承に異議をとなえる者は誰もいなかった。アレンデール王国は、隣国などの脅威にさらされているわけではない。国王夫妻が亡くなったのも、戦争ではなく、海の嵐という自然災害によるものだった。

この物語は、どこまでも、アナとエルサの物語であり、アレンデール王国の危機はあくまでも内側にあるのだ。それだけに病は深いし、城の門を開けることも、二人にとって異なる意味をもつのである。エルサは王位継承の儀式の正当性を認めてくれる立会人を求めて、賓客《ひんきゃく》や国民を迎え入れるために門を開けたのである。それに対して、アナは「運命の人（the One）」を見つけるために、やはり門の外に出なくてはならないし、実際そこで見つけるのである。

❄生まれてはじめて

「女王と王女は絶対美しいはず」という言葉を裏切るように、髪の毛が乱れ、寝癖がついたアナの顔がアップとなる。その髪は先が口に入ってさえいる。しかも、エルサの魔法を受けた印として髪の一房は白い色に変わっている。侍従の声に起こされたアナは、最初半分眠っているが、この場面は、「雪だるまつくろう」で眠たいエルサをアナが起こしたこととの反復である。「お空が目を覚ましているから、私も目を覚ましている」と言っていた頃のアナとは変わっている。けれども、用意された自分の服を見て、戴冠式の日だとようやく認識するのだ。

アナは、「生まれてはじめて」を歌いながら、広間から王宮の外へと出ていくのである。この歌の歌詞の大半は脚韻を踏んでおり、そのせいで「雪だるまつくろう」とは印象がかなり違ってくる。コロスの役目を果たした「氷の心」にむしろ近いのである。

この歌は「生まれてはじめて」と訳されるが、正確には「長い時間（forever）のなかで初めて」なのだ。アナの衣装はオーロラ姫を参考にしているが、言動は初代のディズニープリンセスの白雪姫から大きな影響を受けている［Solomon: 74］。『白雪姫』の代表曲となる「いつか王子様が」で、白雪姫は七人の小人たちに物語として、かつて自分の城で出会った「私の王子様」と自分の話を歌って聴かせる。そのなかで、白雪姫は、やってきた王子にその城に連れて行かれて、「永遠に幸せになる（To be happy forever）」と歌う。だが、アナが歌っているのは、将来のことではなく、現在までの長い時間のことなのだ。それで「生まれて」と訳されたのだろう。

窓のブラインドが開けられ、塔に閉じ込められていた姫君が解放されたように、アナはかつて自転車とともに落下した階段を、手すりに腰掛けて無事に下りるのだ。大広間をすべるように進み、「八千枚のサラダプレート（取り分け皿）があるなんて知らなかった」と歌うのは、城が大規模な祝宴を行なえる空間だった証《あかし》だ。そして「見知らぬ者（strange）」と「変化（change）」が韻を踏み、歌全体には変化を期待するアナの気持ちがあふれている。

とりわけ、反復されているようでいて、言葉が巧みに換えられている箇所が重要である。一番では、アナは、外の光にあふれた港の帆船を見ながら、「音楽と光があるだろう（There'll be music, there'll be light）」と期待にあふれて歌いあげる。一晩中でも踊り明かせると言い、カーテンをまとってドレスに見立てながら、パーティの予行演習をしてみせる。

ところが、二番では、広間の壁に掛けられた絵の前で飛び跳ねながら、「魔法と楽しみがあるだろう（There'll be magic, there'll be fun）」と歌う。ここで「魔法（magic）」と「楽しみ（fun）」という言葉が出ていることに注目すべきである。これはエルサを苦しめている「魔法」とは異なる。つまり、アナはエルサの魔法の記憶をトロールの長のパビーによって「楽しみ」以外は消されたので、普通の意味で気軽に「魔法」と口にするのである。アナは楽しい魔法なら歓迎するというわけだが、同時に「魔術」への恐怖や偏見はもっているのである。しかも、クリストフがスヴェンとニンジンを分けあうときに、スヴェンがすぐに食べようとすると、「魔法の言葉（magic word）は？」と質問する。これもアメリカの子どもならば、親などから聞かされる決り文句で、「プリーズ」をつけろという要求である。もちろん、恐ろしい意味などない。

アナとクリストフの使う「魔法」に共通しているのは、無害な魔法という意味であり、これが後に二人を結びつける伏線となっている。けれども、エルサや氷配達人の恐れる「魔法」とは、破滅につながっていて、同じ言葉でも指す内容が違っているのだ。

コラム

歌と脚韻について

詩や歌詞における脚韻には、それぞれの詩行の最後が、同じ「母音＋子音」で終わることでリズムを作り、同時に切れ目を明らかにする働きがある。たとえば、『白雪姫』（一九三七）の「いつか王子様が」は二箇所ずつ韻を踏んでいる。『アナと雪の女王』には、いくつものバリエーションが使われている。ただし脚韻には二種類あり、「sing と ring」のようなものを完全韻と呼ぶ。ところが母音だけが重なる不完全韻もある。「go と know」のような場合だ。『ピノキオ』の「星に願いを」でも、「star と are」の韻や、「blue, through, true」と共通する母音がイメージをつなげている。このように歌詞がもつ音の働きに寄り添うメロディを作曲家はつける。曲作りにおいて、詞と曲とのどちらが先行しようが、言葉の響きとメロディの呼応関係が曲全体の印象を生み出すのである。

完全韻の脚韻を守ろうとすると、語順を変え、文法が堅苦しくなるので聞き取りにくくなる場合がある。だが、それだけ格調が高くなるのも事実である。「生まれてはじめて」が戴冠式の日に歌われ、後半でアナとエルサが性格の異なる歌詞とメロディの二重唱をするためにも、韻が必要だったのだ。ミュージカルとして楽しむには、歌詞がもつ脚韻の働きにも耳を傾けるべきである。

❄エルサとアナの二重唱

「魔法」をめぐるアナとエルサの態度や記憶の違いは、戴冠式を控えたエルサの歌が入ることで際立つ。二重唱となっても、決して調和のとれた歌にはならないのだ。

感情を抑えることだとエルサが歌っているのは、「レット・イット・ゴー」でも繰り返される「良い子でいろ(Be the good girl)」という内容である。そして儀式において「間違った手（move）を指したら、皆にばれてしまう」と危惧する。チェスのコマを動かすように、慎重に進めないといけないのだ。このエルサの歌は「レット・イット・ゴー」の先取りに思えるが、実際は逆で、門を開ける命令をくだすときの歌を、「レット・イット・ゴー」では繰り返して、それから捨て去るのである。まずはここで歌われる必要があった。

一方のアナはそうした姉の苦境を知るはずもないので、軽やかに脚韻を踏んで「ロマンス（romance）を見つけたいと夢見ている」し、「少なくともチャンス（chance）はある」と考えて、門の外へと出ていくのである。それは人々と出会うというアナの願望をかなえるものだった。そして群衆の流れと、それに逆らう主人公という構図が描かれる。アナは庭のコガモたちを手に取り、子どもを抱いた父親に助けられて欄干から降りる。そこに、結婚と出産を控えた自分の家族を夢見るのだ。

アナとエルサは「今日こそは（It's only for today）」のように同じ歌詞とメロディを歌う

場合もあるが、二人が異なるメロディと内容を歌うことで、悲しみと楽しさそして悲劇と喜劇の併存が起きている。ミュージカルがオペラやオペレッタから受け継いだ二重唱によって、門を開けるという行為を試練としてシリアスに捉えるエルサと、解放と捉えるアナとが対比される。どこまでも二人はすれ違っているのである。しかも台詞が重なると意味が聞き取りにくくて効果が薄くなる。ところが、歌だからこそ、同時に歌っても声の高さや調子が違うので聞き分けられるし、曲としてもそのズレが理解できるのである。

このように歌にはストーリー上の展開の素早さや説明不足を代弁する大事な役目がある。アナとエルサの喧嘩やすれ違いの場面をわざわざ作らなくても、数分間の歌で二人がズレていると説明できるのだ。しかも舞台劇ではなくアニメーションなので、途中の情景を断片的な映像で見せて説得力を与えることができる。ここはミュージカル映画としての『アナと雪の女王』の魅力が発揮された場面なのである。

❄広間の絵とアナの成熟

絵の並んだ広間で、アナは飛んだり跳ねたりしながら、絵と自分を重ねる。ひょっとするとアナが一方的に会話をしながら、社会性を模倣してきた相手が、数ある絵だったのかもしれない。幼いアナにとってジャンヌ・ダルクの絵もその一つだった。それが部屋に隠れていて見えない姉の代わりとなった。同世代の友達がいないアナにとって、人形や自転車などの一人遊びが中心だったようだ。

城内では、エルサを部屋に閉じ込めてから秘密を守るために外との交流を絶ち、さらに両親が死んだ後ではなおさらパーティなど開かれなかった。そんななかで社交関係を学ぶ手段として、絵が教科書の一つだったのだろう。アナも孤独だったのだが、クリストフがスヴェン相手に「腹話術」をしている「孤独」ともつながっていく。部屋のなかで時間が止まっているエルサよりも、部屋の外にいて廊下や広間を歩き回っているアナのほうが、先に結婚まで考えるほど大人びたのは、こうした絵の教えによるのかもしれない。

六枚の絵に合わせて飛び跳ねながら、アナはそれを模倣し、絵と自分を重ねるが、絵自体が一連の物語のようにも読めるのだ。六枚に共通する特徴は、複数の人間が登場する点だ。単独の肖像画や人のいない風景画ではない。しかも、こちらを向かずに横向きの男女が踊りなどをしていて、そこにアナが参加するのである。それぞれの絵の原典は判明している。*2 ただし、キャラクターはアニメ的にデフォルメされ、人物の配置なども変更されている。

前半の三枚には、踊りの申込みなど礼儀作法の要素がある。一枚目はブリューゲル父の《農民の踊り》や《野外での婚礼の踊り》が下敷きであるが、男女が礼儀作法にのっとって、踊りを始める場面になっている。アナは両手を広げ、足を後ろに引いて、踊りの申込みを受ける左の女性をまねて、スカートの両側をつまんで挨拶のポーズをとる。二枚目は、オーギュスト・セリュールの《ピクニック》で、二人の男女が敷物の上で寝転んでいる。アナはその女性のほうに重なるようにして、アコーディオンを演奏している男に寄り添ってみせる。三枚目はヘラルト・テル・ボルフの《踊るカップル》である。踊りを申し込む男性に向かって、アナはキスをさせるために、うやうやしく手の甲を差し出すのである。

後半の三枚では成熟や性的な誘惑が描かれる。四枚目はジョン・サージェントのフラメンコを描いた《エル・ハレオ》で、アナはスカートの裾をからげて空中にジャンプをする。「はしたない」と非難される行動であり、男性を誘惑する態度がある。五枚目はジャン・オノレ・フラゴナールの《ぶらんこ》である。アナは、後ろの男性に引いてもらってブランコに乗っている女性と格好を合わせる。アニメ用にデフォルメされた絵では消えているが、フラゴナールの元絵では、女性のスカートを覗《のぞ》き込んでいる男性が左側にいて、実は彼女の愛人なのである。六枚目はルーカス・フォン・レイデンの《ポティファァ

ジャン・オノレ・フラゴナール《ぶらんこ》
（ウォレス・コレクション所蔵）

ルの妻》で、旧約聖書に登場する、ヨセフを陥れるために自分が性的に乱暴されたと訴えた妻の絵である。ここでアナは絵のなかに入り込むが、そのために妻の顔がはっきりと見える。アナは後半では「踊り子」「愛人」「偽る妻」と自分を重ねているのである。

　文化的な借用を考えると、アナの取っている行動において、大きな意味をもつのが五枚目のフラゴナールの《ぶらんこ》の絵だろう。これはロココ派の、しかも「あぶない絵」でもあった。エルサの戴冠式の日なので、誰もが彼女が成人になったことを認める。けれども、妹として陰になっているアナも、十八歳になって性的な成熟を遂《と》げ、求婚を受け入れる状態になったことがしめされる。

フラゴナールの絵の影響ははっきりとしている。アナが一番を歌うとき、王宮の外の窓を掃除するためのロープブランコに乗る。左に雑巾が下がったブランコを、脇のロープを引いて自分で高みにあげる。入港する帆船を見て「音楽や光があるだろう」と称賛する。しかもブランコを自分でこいでみせるのだ。

そして、広間でフラゴナールの絵と重なってから、門を開けて城外へとアナは出ていく。人々が門のなかに入ってくる流れに逆らって外に出る。花などを売っている市場に入りこむが、戴冠式に出かけてしまい人の気配はない。そこを横切り階段を下りてから、「私の行く手を遮《さえぎ》るものはない（Nothing's in my way!）」と高らかに歌いながら、手を振って港の堤防を歩いていく。ところが、歌詞に逆らうように、遮るものが登場するのである。

アナはハンスの乗った馬とぶつかって、その反動でボートに落ちてしまう。両足がボートの両側に投げ出され、スカートの裾が広がり、ハンスのほうに向けられている。王女にふさわしくない「はしたない」ようすは、フラゴナールの絵にあったブランコの女性と同じなのである。アナが「運命の人（the One）」、正確にはその人が乗った馬とぶつかることにより、ハンスへのひと目ぼれへと導かれていくのだ。

けれども、フラゴナールの絵を下敷きにしたことで、アナとハンスの出会いが、ロココの絵のように遊戯的であり、「真実の愛（true love）」を求めているはずのアナが獲得する愛は本物ではありえないと実感できる。六枚のうちで最後の絵がしめすのは、夫のために聖人を陥れようと偽りの証言をする妻の姿なのである。どう考えても良い結末を迎えるはずがないのだ。

アナが歌う「生まれてはじめて」のなかでの「長い時間（forever）」と、『白雪姫』の「いつか王子様が」での「永遠に（forever）」とでは意味合いはかなり異なる。同じ単語を利用しながら対比させることで、アナと白雪姫の違いを際立たせているのだ。そして、白雪姫は「ウェディング・ベルが響く（wedding bells will ring）」ときを待っていたが、アナは戴冠式を告げるチャペルの鐘の音を聞いて、ハンスのもとを離れた。鐘さえも意味が異なるのである。

＊＊＊＊＊＊＊＊＊＊＊＊＊＊＊＊＊＊＊＊＊＊＊＊＊＊

◎註

＊１　https://www.independent.co.uk/news/uk/home-news/reindeer-carrots-christmas-eve-santa-claus-rudolph-animal-expert-phil-endsor-a8689286.html

＊２　https://www.artdocentprogram.com/art-disney/

第4章　エルサの変身

❄戴冠式と舞踏会

アナとエルサとでは、模倣する対象となる絵の種類が異なっている。アナは、扉の向こうの姉と言葉を交わしたいからこそ、社交的な暮らしを夢みる。アナが模倣しようとしたのは六枚の風俗画の女性たちだった。そこには複数の人間が登場する社会生活が描かれていた。

ところが、エルサが模倣するのは「父の肖像」である。自室で、戴冠式の練習用の王笏《おうしゃく》と宝珠《ほうじゅ》を持ち、「心を抑えて」、「良い子でいるように」という父の命令が響き、反復するようにエルサは声に出して歌う。アナとエルサの母の影がどちらにも見当たらないのは不思議だが、ディズニー作品では「孤児」という設定のときに、継母との関係は描かれても、実母との関係は希薄となるようだ（それを補ったのが『アナと雪の女王2』である）。

戴冠式そのものは、厳かな合唱が響き、儀式の見届け人が列席するチャペルで行なわれた。だが、戴冠式の儀式の際に聖職者からエルサの頭に載せられたのは、ティアラである。「戴冠式」という言葉を裏切るように、王笏と宝珠と三点セットとなる王冠ではない。

先代の王の肖像画には、立派な王冠が描かれていたが、エルサの頭に載ることはなかった。嵐の海に船が飲み込まれたとき、正式な王冠が消えたのかもしれないし、女王といえども女性だから、簡略な礼装とみなされるティアラが選ばれただけかもしれない。実際、エルサの母親である王妃はティアラをつけているのである。

だが、それ以外にも文化的な背景がありそうだ。立派な王冠をつけた女王は、ディズニー映画において「悪」とみなされるのである。代表が、『白雪姫』で金色の王冠を被る女王である。女王は白雪姫の継母で、魔女に変貌する。王女である白雪姫の頭にはリボンがあるだけである。ボロを着せられていた宮殿では灰色、森に置き去りにされたときには服も新しくなり、リボンは赤になった。それに『ふしぎの国のアリス』（一九五一）でも、金色というよりも黄色に近い王冠を被ったハートの女王は、スポーツのルールはごまかすし、すぐに「首をおはね」などと物騒な命令を口にするので悪役だろう。

他のディズニープリンセスたちも、プリンセスだからこそ、王冠ではなくてティアラを着用する。『眠れる森の美女』でのオーロラ姫もティアラである。フィリップ王子のキスで目覚め、その後階段から下りてきたとき、二人を迎えるフィリップの父もオーロラ姫の両親も金の王冠を被っている。もちろん、シンデレラや『美女と野獣』のベルは、出自が王族より下なので、髪をまとめてもティアラを身につけるはずはなかった。しかも、ディズニープリンセスは、単独の支配者としての女王ではなくて、あくまでも国王の脇に従う王妃の立場となるはずだ。

ティアラは、観客である子どもたちにとって、プリンセスのコスプレをするときの大切なアイテムとなる。白雪姫やシンデレラからアリエルやムーランまで、歴代のディズニープリンセスが教師役として登場する『ちいさなプリンセス ソフィア』のために、「ティアラはどこ？」という仕掛け絵本が出版されたことでもわかる。子どもの観客の立場で考えても、エルサの頭に大きな王冠が載る姿には抵抗があるだろう。

そして、ウェディングアクセサリーとして、スワロフスキーが製作したものをはじめ各種のティアラが花嫁を飾ることになり、結婚のイメージも付加されている。ティアラに使われる真珠やガラスは「雪の女王」のイメージともつながる。アナはティアラを身に着けないので、女王と王女の区別はティアラの有無に基づくのである。

エルサは聖職者から、手袋を外して、じかに王笏と宝珠を持つようにと促される。何とか平静を保って、二つを持つことで、ようやく「アレンデール王国のエルサ女王」と公式に宣言される。だが、素手でもった宝珠が下から凍りつき始めたのを見て、あわてて盆に戻し、手袋をはめるのである。

続く舞踏会で、アナとエルサの間の距離がはっきりとする。二人は並んでも、態度はよそよそしくて会話もぎこちない。共感しあったのは、「チョコレート」の匂いに惹《ひ》かれて二人の声がそろったとき、ウェーゼルトン公爵がお辞儀をした際に頭のかつらが外れた姿を笑ったときと、公爵の下手くそな踊りの評価だった。

チョコレートはお菓子として観客の子どもや大人を魅了する。原料のカカオ豆はアメリカ原産でスペインを経由してヨーロッパに伝わったものだ。同時に異性を誘惑する「媚薬《びやく》」と古代アステカでは考えられ、それ以降も神秘的な力をもつと思われてきた。[*1]王国の継承に頭がいっぱいのエルサに対して、アナは戴冠式の間も腰のところで手を振ってハンスとやりとりし、舞踏会で急速に二人の関係は婚約まで進んだのである。その進展には、媚薬としてのチョコレートの効果があったのかもしれない。

アナは「生まれてはじめて」を歌いながら、扇で口元を隠してチョコレートを頬張《ほおば》るのだ。そして、アナとハンスが歌う「とびら開けて（Love is an Open Door）」には、「チョコレート・フォンデュ」という言葉が出てくる（アナとハンスの関係やこの歌の働きについては、次章で詳しく扱う）。二人は意気投合したので、姉に報告するためにアナがハンスを連れ、「エルサ、いや陛下」と声をかける。チョコレートの匂いや公爵とのダンスの話で笑いあったので、姉との心理的な距離が縮んだと勘違いしたアナの暴走でもあった。

だが、エルサは結婚の許可を与えず、ハンスに帰るように命じ、パーティを終了させようとする。そこで、アナの怒りが爆発する。「どうして私を締め出すの？　どうして世界を締め出すの？　何を恐れているの？」とエルサをなじるのだ。これがエルサの感情に火を点《つ》けることになる。

❄エルサの封印を解いたアナ

舞踏会でのアナの役目は、エルサの封印を解くことだった。エルサが自発的に自分の枷《かせ》を外せないことは、戴冠式とその後の舞踏会ではっきりとした。エルサには父親との思い出がつきまとう。戒めでもある水色の手袋をつけて自制をしている限り問題は生じないのだが、それこそがエルサの心の重荷になっている。

じつは、両親との親密な過去が描かれているのはエルサのほうなのである。アナの「雪だるまつくろう」の歌が流れるなかで、エルサは両親を前にして「怖い」とか「だんだん強くなっている」と不安を打ち明ける。それに対してアナは、両親から声をかけられることはない。人形や自転車などで一人遊びをする場面しか描かれない。唯一、船旅に出かける両親とハグするだけなのだ。アナの疎外感は姉に対してだけではないことが重要で、王位継承者としてのエルサにだけ両親の関心も期待もそそがれていたのだ。

アナが、ハンスへと心が傾斜し「運命の人」と勘違いをした背景には、姉との記憶の違いがある。アナは記憶をトロールにいじられただけでなく、家族における秘密の共有を拒まれてきたのだ。門が開けられて王宮の外に出たときに、アナは自分を待ち構えているものが、すばらしい新世界だと勘違いをし、最初に出会った美形の王子にひと目ぼれをしてしまうのである。

「すばらしい新世界（brave new world）」という台詞を発したのは、シェイクスピアの『テンペスト』（一六一〇－一一）のなかで、孤島で成長した、ミラノ大公（事実上の王）の娘ミランダだった。最初に出会ったナポリの王子ファーディナンドに、ひと目で恋に陥るのである。王宮内でせいぜい絵を見習うくらいで育ったアナが、美形の男性に対して無抵抗だったことは、ミランダと同じだろう。ミランダの父親のプロスペロは「お前にとって新しいだけだ（'Tis new to thee）」と、平凡な出来事にすぎないと冷酷に告げる台詞を吐く。それはアナにも当てはまるのだ。

アナがエルサの封印を解くきっかけは、水色の手袋を外すこととして描かれる。立ち去ろうとするエルサの左手をアナがつかんだ際に、その手袋を取ってしまう。左手がむき出しとなったせいで、エルサの封印されていた力が解放される。しかも、幼少期のエルサの左手の手袋を父親がはめてあげることは印象深い。エルサは手袋に抑制されているとともに、左手は父親が直接愛情をもって触れた手でもあるのだ。

そして、二度目の「もうたくさん」という拒絶の言葉とともに、エルサがむき出しの左手をふるうと、氷が槍のように半円状に出現するのだ。それ以降もエルサの手が触れた噴水が凍ったり、拒絶のために放ったものが相手を攻撃する武器となったりする。

この針状の氷はエルサが外へと向けた強烈な拒絶の印となっている。エルサの氷の針が表現するアナや外の世界を拒絶する刺々《とげとげ》しさは、「ヤマアラシ（ハリネズミ）のジレンマ」と名づけられた心理を視覚的に表現しているのかもしれない。ショーペンハウアーの寓話がフロイトを経由してアメリカに紹介されて一般に理解されたものである。[*3]ヤマアラシどうしが近づくと針で相手を傷つけるかもしれないが、やはり近づきたいのである。心理的な距離をうまく保てないからこそ、互いに傷つけあってしまう。姉妹愛においても、かつて幼いころはエルサの「魔法」は楽しい思い出だったのに、今では互いに拒絶や憎悪が進む原因となってしまった。

公爵に「魔術」だとされ、エルサは「怪物」とみなされる。しかも、参列者も国民もそれに同調する。アナも「私はふつうの人間よ（I'm completely ordinary）」と宣言するように、エルサを拒む側につくのである。まさにトロールのパビーが予言したように、人々の「恐れ」がエルサの敵となったのである。もちろん、それでもアナがエルサを連れ戻したいと考えたのは、姉妹の絆のせいなのである。

❄夏を冬に変える魔女

エルサは七月のアレンデール王国を凍りつかせることで、「王国の女王」から「雪の女王（＝魔女）」へと変身していった。嵐の海で国王夫妻を飲み込んだ波の形や、彼らの墓の形にも似た北の山へ行くことになるが、そこは悲しみに満ちたときの自室とおなじ冬の世界だった。エルサは、彼女が閉じこもっていた室内と同じ空間にしか向かえないのだ。そのため足元に氷を生じさせ、通り過ぎていったところは冬となってしまう。「生まれてはじめて」の最後でアレンデール城の外に出たアナは、港でハンスを見つけることができたが、この段階でのエルサは、自分一人の城を築く以外にない。ここからエルサの変身が始まるのは確かである。アナの言葉に触発されたものだが、それは「負」の方向への変身である。けれども、固く凍りついてしまった心や抑圧してきた能力を一度解放しないことには、彼女の真の変身はありえない。そのために、女王から魔女になるという『白雪姫』の継母の図式をたどるのである。ただし、エルサに救いがあるとすれば、頭に被っているものが父親と同じ王冠ではなくて、小さなティアラであることだろう。それだけ捨てやすく、重圧を取り除きやすかったのかもしれない。

変身するために、エルサはとりあえず、自室の扉の外、さらにはアレンデール城の門の外に出ることが不可欠だった。彼女を囲む部屋や城が、手袋と同じように彼女を束縛するものだったからだ。そしてエルサが逃げるようたどり着いたのが北の山だった。吹雪を通り抜けると、「レット・イット・ゴー」の歌が始まる。

「レット・イット・ゴー」はあくまでも作品に組み込まれているので、単独で視聴した場合と、物語の流れで考えた場合とでは、意味合いも効果も別物である。この歌が登場するまでのアナたちとエルサのすれ違いを踏まえると歌詞の一つひとつの意味がわかってくる。しかも、実際に歌うイディナ・メンゼルの表情や手足の動きに基づいて作画されたのだ［Solomon: 23］。声と表情がぴったりと合っているのは当然である。アメリカのアニメーションがそうであるように、事前に台詞や歌ができあがっていて、それに合わせて作られているのだ。そのため、他の人が画面に合わせて歌をなぞっても、どこかズレてしまうのである。

この曲が三度の反復をもち、「ミュージカル映画の王道パターンをトレースしている」という指摘がある〔荻上：五五頁〕。確かに、メロディや編曲の見事さだけでなく、歌詞の細部が綿密に映像と絡みあっていることが読み取れる。

前半部分では、エルサは、「今夜は雪が白く光る」と歌い始める。見渡すと「足跡が見当たらない（to be seen）」というのは、人跡未踏の場所であり、そこに足跡をつけながら進んでいるためである。北の山が天然氷を切り出せる万年雪をいただく山であり、クリストフが働きに出かけた理由もわかる。冒頭の「氷の心」の作業が北の山の近くで行なわれていて、クリストフがアレンデールに運んできたものも、ここから切り出した氷なのである。エルサがもたらす人工雪が、七月だというのに季節を冬に戻したことで事態は急変する。

そして、心を制御して「私が頑張ったことは天だけが知っている（Heaven knows I tried）」と慰める。今まで他人の視線だけを気にしていたが、死の雰囲気が漂う北の山が、誰の視線にもさらされない場所だからこそ、エルサは解放された気分になれる。しかも彼女の秘密は「今やみんなが知っている（now they know）」公然の秘密となってしまった。

エルサは左手の手袋をすでにアナの手元に残してきたし、はめ続けていた右手の手袋を投げ捨てると、両手が自由になった。ここに右手と左手の問題が見え隠れしている。というのは、ディズニーにおいては左右の手の選択が重要となるからだ。たとえば、『ピーター・パン』（一九五三）では、フック船長がＪ・Ｍ・バリの小説では右手に鈎《かぎ》をつけていたのに、左手へと変更された。左右の問題は、単なる位置関係だけでなく「正か、邪か」とも関わる。そして、「正もなく、邪もなく、ルールもない（No right, no wrong, no rules）」とエルサは高らかに歌うが、それは「正」とされる右手の解放ともつながって響くのである。そして、自由になった左右の手で雪の渦巻を生み出し、オラフを作り出すのだ。

さらに「もう寒さなんかに私は悩まされない」と歌い、戴冠式で着けた紫色のベールを投げ捨てると、それは風になびいて山裾へと消えていく。こうしてエルサは、次々と彼女にとって余計だと思えるものを脱ぎ捨てていくのである。エルサの解放された雰囲気を映像として表現し、彼女が別の衣装へと着替えるための準備をしている。

変化や前進を告げるには、「凍りついた（frozen）」のような固定や完了を物語る過去分詞よりも、現在分詞がふさわしい。「レット・イット・ゴー」で使われている現在分詞は、風が「吠《ほ》える（howling）」とか、「渦巻く（swirling）嵐」とか、魂が「渦巻く（spiraling）」といった平和や安定とは反対の出来事を表現するものだった。それが、エルサの内面のざわめきを語っている。

アレンデール城と町の広場を結ぶ橋は、石で作られた堅固なものだった。それに対し、北の山の谷間にはエルサの力により、氷でできた橋が架けられる。そこを渡りながら、エルサは「私にとって（for me）」正も、邪も、ルールもないとし、「私は自由（I'm free）」と両手を広げるのである。「私にとって」と「自由」とが脚韻で結ばれているせいで、自分が自由だというエルサの主張が強く響くのである。

そして、タイトルにもなった「レット・イット・ゴー」が高らかに歌いあげられる。これは「忘れてしまおう」とか「気にしないでおこう」という意味のイディオムである。[*2]「ありのままで」という訳詞とはニュアンスがかなり異なる。もっと積極的に過去を捨てるし、捨てても平気だ、という歌なのだ。

❄距離と見方の変化

エルサはアレンデール城を飛び出したことで、過去の自分から離れることができた。距離をとったせいで、あらゆることが「小さく（small）見える」と感じられるようになった、と笑うのだ。そして、かつて自分を制御していた恐れなど、全く（all）なくなったという。この宣言が、国王の肖像とともに室内に隠《こも》っているだけでは解決しなかった過去との決別である。死んだ国王の存在に悩まされていたが、皮肉なことに、戴冠式を経てエルサが正式な王になったからこそ、乗り越えることができるのだ。今まで学んできたことを捨てる力をもつのである。

「生まれてはじめて」の最後でアナは、両手を振りながら前向きに歩き「私の行く手（my way）を遮るものはない」と歌った。似ているようでいて、エルサのほうは「顔をそむけ（turn away）」と向きを変えてしまうやり方を取る。さらに「彼らが何を言おう（say）とも」と「もう寒さなんかに私は悩まされない（anyway）」とに韻を踏ませることで、力強さが増すのだ。

「レット・イット・ゴー」で繰り返されるのは、未来において何かをしたいという希望や欲望ではなくて、強い拒絶なのである。それが、否定形と「レット」を使った形の反復で表されている。エルサの力強い拒絶は否定形を伴っている。「感じるな（don't feel）」や「私は決して戻らない（I'm never going back）」という形だ。

もう一つはタイトルの「レット・イット・ゴー」をはじめ、「レット」の多用である。「レッツ（Let's=Let us）」といえば、語り手を含むが、ここでしめされるのは「私＝エルサ」がする行為ではなくて、すべて他人の話である。「中に入れるな」「見られるな」「知らせるな」は「彼ら（them）」であり、そして「嵐を暴れさせろ（Let the storm rage on）」は自然現象である。それが一層エルサの孤独感を際立たせる。

エルサは「風と空を伴った者」と自称するのである。これは「空が目を覚ましているから」とエルサを起こしにきたアナとは対照的である。しかも、エルサの「空（sky）」は「泣き叫ぶ（cry）」と韻を踏んでいるのである。もちろん、泣き叫びはしないと断定する否定表現で使われているのだが、かえって嵐や空のようすが、エルサの泣き叫ぶような心理を浮かびあがらせるのだ。

❄髪の毛と衣装の変身

この歌の後半で、エルサは谷間の向こうにある北の山の頂きに自分の王国を築きあげていく。谷間の手前までの世界とは別世界となる。それにつれて、姿も衣装も変化し、変身していく。そして、「凍りついた結晶（frozen fractals）」で作りあげた氷の宮殿が住まいとなる。「過去は過去の中に（The past is in the past）」として、最後の象徴であるティアラを投げ捨てるのだ。これでアレンデール王国を捨てたことになるのだが、このためにも、重たい王冠では都合が悪かったのかもしれないが、まるで櫛でも捨てるような気軽さで放り投げる。

ここで重要なのは、彼女が脱ぎ捨てた結果として新しい衣装をまとうことだ。そして、頭に巻いていた髪の毛を垂らすのである。エルサはプラチナブロンドの髪を一本の三つ編にしている、赤茶けた髪（ストロベリーブロンド）のアナはオーケンの店以降、両方のおさげになっていて、それが二人の違いを表現している。

髪を結うとか髪を下ろすという行為は、女性にとってプライベートとパブリックを隔てるものである。寝起きのアナの乱れた髪が画面にアップになることから、「ややだらしなくて朝もおきてこないアナ」とみなす見当違いの意見もある〔本橋：九〇頁〕。だが、あくまでも寝室というアナのプライベート空間を描いているだけであり、アナも廊下に出たときには髪を整えている。エルサが手袋やベールどころかティアラまで捨てて、髪を下ろしたことで、彼女のプライベートである内面の感情を観客に見せつけるのだ。

エルサのように、女性が内面を見せる瞬間に、隠れた欲望の発露として髪の毛を垂らすというのは、アメリカ文学で繰り返し扱われてきた。たとえば、ナサニエル・ホーソーンの小説『緋文字』（一八五〇）で、不義の子を宿して生んだ主人公のヘスターが、森のなかで密会した不倫相手のチリングワース牧師にこう宣言する。「後ろは振り返らないの（Let us not look back）」。そして、「過去は過ぎたことよ（The past is gone）」と口にして、被っていた帽子を外すと豊かな黒髪が姿を見せる（第十八章）。どうやらヘスターの台詞や行為がエルサのお手本となったようだ。ただし、ヘスターは「私たち」を使うが、ここでエルサが使うことはない。

ハイスクールのときにでも、退屈な国語（英語）の授業で『緋文字』を読まされた経験のあるアメリカの大人の観客たちならば、ホーソーンの先祖がセイレムの魔女狩り事件で、魔女をあぶりだした判事の一人という「原罪」を背負っていることを思い出すだろう。そうした観客には、「レット・イット・ゴー」が文化的な過去を伴って響くのである。

エルサは、長いひと束の三つ編を顔の横から垂らすが、これはアナが六枚の風俗画で模倣していたような「女性らしさ」、より正確に言えば、性的な欲望をしめすのだ。前作の『塔の上のラプンツェル』（二〇一〇）の原作となるグリム童話では、塔から垂らす長い髪は、男を塔へと上げるための道具で、ラプンツェルの性的な欲望をしめしていた。ところが、ディズニーの製作者はその意味をファミリー向けにするために抑制したのである。

エルサは肌にぴったりとした水色のドレスを着て、腰を振りながら歩くのだ。いわゆるモンロー・ウォークで、男性を誘惑する動作の一つと考えられている。しかも、観客に向かって片方の眉毛を意味ありげに上げてみせる。エルサは、ハンスと出会って婚約までたどり着いたアナにここで追いついたのである。もちろん、結婚相手が登場するわけではないが、先を越されたアナと対等になる必要がエルサにはあったのである。

そして、「ここに私は立ち、ここにとどまる」と踏みしめると、足元から氷の床が広がる。「今夜（tonight）」で始まった歌が、「私は夜明け（the break of dawn）のように立ち上がる」と「日の出」を思わせる言い方となり、さらに「昼の光（the light of day）のなかに立つ」のである。それに合わせるように画面は夜明けの光に包まれる。真夏に冬を出現させたエルサが、夜のなかに、自分のために夜明けと昼間を出現させたようにさえ感じられる。シンデレラは十二時を過ぎたときに魔法の効力が解けるのだが、むしろエルサは自分の魔法で季節だけでなく、時間さえ進めたように見える。短い歌のなかに、これだけのメッセージが込められているのだ。

❄新しい拒絶

歌の最後で扉が閉まり、エルサの氷の紋章が強調されて、世界に対する拒絶の態度がはっきりとする。アレンデール城の門を開けさせた者が、今度は氷の宮殿の門を閉ざす者に変わるのである。ここには「変身」はあっても、真の意味での「解放」はまだない。「レット・イット・ゴー」が物語の最後のクライマックスでエルサによって歌われるのではなくて、早々と全体の三分の一を超えたあたりで歌われたせいで、エルサが自分の世界に引きこもる問題がまだ続くことが予想される。

凍りついた心をもったエルサは、アレンデール城の自室から自分が築きあげた氷の宮殿へと移動したにすぎない。そして、「孤独の王国（A kingdom of isolation）」とは、臣民が誰もいなくて、魔法を使う女王だけしか存在しない奇妙な国であり、エルサはそこで孤独に暮らそうとするのである。それは氷の宮殿というよりも氷の牢獄である。

エルサが町を氷漬けにする怪物になったのだとするならば、退治する必要がある。昔話や神話の世界における本来の展開ならば、人々を苦しめる怪物やドラゴンを退治するために出発するのは王子だった。結果として、怪物が隠していた宝物や、誘拐された姫君を救出する役割をになうのだ。ところが、冬を終わらせるために、ハンスではなくて、アナが馬に乗って、エルサを説得し連れ戻すために向かう。「私の落ち度（fault）だった」とアナは責任を感じている。エルサを追いかけるアナの旅は、姉妹それぞれの「凍った心」を解凍し解放するために必要だったのだ。

しかも、アナが成長するためには、味方としてだけでなく、じつは敵対者という形での援助さえも不可欠となる。そして、雪山ですべり落ちた川で凍りついたので、アナも戴冠式のための服のままではなくて、オーケンの小屋で防寒服に着替えて、変身する必要があるのだ。後続の二つの章では、ハンスとクリストフ、それからオラフとマシュマロウを取りあげて、エルサを救出に向かうアナの側から物語の続きを見ていくことにしよう。

＊＊＊＊＊＊＊＊＊＊＊＊＊＊＊＊＊＊＊＊＊＊＊＊＊

◎註

＊1　Blake Edgar "The Power of Chocolate" *Archaeology* Vol. 63, No. 6（November/December 2010）, pp. 20-25

＊2　https://www.merriam-webster.com/dictionary/let%20it%20go

＊3　https://www.cabinetmagazine.org/issues/26/prochnik.php

第5章　アナの求婚者と援助者

❄ヴィランのあり方

小説や映画の登場人物一覧を見ると、どうしても無意識のうちに、主人公たちの「敵」と「味方」とに区別しがちである。物語において、敵役や悪役が必要とされるのには理由がある。主人公を追い詰めたせいで観客の憎悪や反発を買った悪が、退治されて滅びるというは「因果応報」とか「詩的正義」と呼ばれる。それを目撃することで、主人公の恋愛が成就するとか、富を獲得するとか、平和が回復するといったハッピーエンドに、祝祭的な雰囲気が加わるのである。

十三世紀頃の中世の演劇では、悪役を「ヴァイス（vice）」と呼んでいた。不完全を意味する語に由来する。演劇なので、ひと目見て悪役とわかる扮装《ふんそう》をし、黒などを多用した服装の過剰さや、身体の損傷や傷の跡といった要素が、こうした役柄と結びつけられてきた。映像作品や舞台などでは、こうした視覚的な要素はわかりやすいのだが、世間にある偏見や固定観念を取り込んでいるだけでなく、逆に差別的な見方を生み出す危険をもっている。現在ではそうしたステレオタイプの弊害が指摘されている。

悪役の意味として、田舎者という言葉に由来する「ヴィラン（villain）」も、同じく十三世紀の頃に誕生した。こちらのほうが現在では一般的だろう。ディズニー作品でも、長編第一作の『白雪姫』では、女王が黒い衣を着た魔女に変ったように、「ヴィラン」が描かれてきた。他にも、フック船長（『ピーター・パン』）、ハートの女王（『ふしぎの国のアリス』）、クルエラ・デ・ビル（『１０１匹わんちゃん』）、スカー（『ライオン・キング』）といった歴代のヴィランたちがいる。彼らは作品のなかで処罰され、退治されてしまうが、強烈な印象を残してきた。

ディズニーだけでなく、こうしたヴィランとみなされてきた者たちの声を拾いあげる動きがでてきた。古典作品の視点を変えた読み直しが進んでいる。たとえば、『オズの魔法使い』（一九〇〇）の前日談として、西の悪い魔女と南の良い魔女の友情を描いた一九九五年刊行のグレゴリー・マグワイアの小説『ウィキッド（オズの魔女記）』は、二〇〇三年にミュージカル化された。ブロードウェイの舞台で、主役の西の悪い魔女を演じた役者が、他ならないエルサの声を演じたイディナ・メンゼルだった。十年後にメンゼルがエルサ役に抜擢《ばってき》されたのは、ヴィランを画期的に再解釈した役を演じて好評だったからである。起用されたメンゼルは「レット・イット・ゴー」を見事に歌いきったのだが、エルサのキャラクター造形に、魔女とその読み直しが期待されていたのは確かなのである。

『ウィキッド』の系譜として、ディズニー作品でも、『眠れる森の美女』のヴィランを主人公にした『マレフィセント』（二〇一四）が作られた。読み直しどころか、一転して悪役が人気を得る流れがある。じつは二十世紀末から、ディズニーは、「ディズニー・ヴィラン」というフランチャイズ展開をしてきた。複数のストーリーの可能性が選択できるボードゲームやビデオゲームで、ヴィランが活躍する物語が構想されたのである。フィクションのなかに、複数の世界線が存在するのならば、ヴィランが活躍し勝利する物語も可能となるはずだ。

しかも、主人公がヴィランのような否定的な存在から影響を受けて学ぶこともある。もしも、善人のコピーからしか善人が生まれないと狭く考えるならば、他人の失敗や自分との相違点を許容できなくなってしまう。すぐれた物語では、敵や悪がはっきりと外観で見分けられるという単純な図式をとらない。

ミステリー小説を考えてもわかるが、最初から真犯人とか真の黒幕が意図して明かされていない限り、見た目で判別できる作品はつまらないだろう。その意味で、『アナと雪の女王』は、キャラクターの外観から判別できるような固定化を拒否している。最後まで観るならば、「雪の女王」としてヴィランの要素を多分に含んだエルサも、その能力を制御できるようになって、雪の女王から父親の教えを守った女王へと変身したことになるのだ。

❄十三番目の男ハンス

エルサではなくて、ハンスがこの作品の「ヴィラン」とされる。後半になってアレンデール王国を支配しようという野望が表面化するからである。こちらの「変心」のほうは外観の変化を伴わないが、ハンスにはハンスなりの行動原理があり、大人の観客がある程度それに納得がいくからこそ、ヴィランとしての魅力をもつのだ。

馬にぶつかってボートの上にこけたアナを助けるだけでなく、ハンスは突然の冬の到来で困った国民に外套を配り、スープや熱いグロッグ（ホットワイン）があると人々に知らせる。単なる人気取りというよりも、永遠に王になることがありえないと思えたハンスなりにチャンスを感じとったのだ。アナ王女は、王位継承権の順序からして、不在となったエルサ女王の代理となった。そしてアナ王女の婚約者として、ハンス王子はまさに代理の役目を果たそうとしている。しかも国民に「殿下（Your Highness）」と呼ばれて気分が良いのである。

ハンスはマイナスの形ではあるが、アナの行動を促し援助している。それこそが、この物語内でのハンスの存在理由なのである。ハンスはアナたちの圧倒的な妨害者や敵対者というよりも、ときには援助者であり、最初から王位簒奪《さんだつ》のためにアナやエルサの行動を阻止する態度をとってはない。当初は結婚という形でアレンデール王室に入ろうとしていた。それが、アナと会い、エルサの魔法を見届け、さらに氷の宮殿に出向いたことで、野心が現実化したのである。当初から王国の秘密を暴いて富を奪おうと画策していたのは、ウェーゼルトン公爵のほうである。

ハンスは十二人の兄がいる十三番目の王子である。「十三」は「邪悪な数字」で、伝統的に裏切り者の番号とされる。北欧神話で、ロキが十二人の神が開いた宴会の席で招かれざる十三番目の客になったことに由来する。その話がキリスト教と結びつき、十二使徒の一人であるはずのユダを「十三人目の弟子」と誤読し、さらに「十三日の金曜日が不吉だ」という迷信を生み出した。*1 いずれにせよ、十三人目の王子であるハンスは、信頼を寄せたアナをユダのように裏切るのである。

そもそもアナがハンスの馬と衝突した偶然を利用したことで彼との関係は始まったのである。しかも、ぶつかったのは、「いつか王子様が」の歌のアナ版とも言える「生まれてはじめて」を歌っているときだった。舞踏会での再会でも、エルサに拒絶されて失意のまま歩くアナが、挨拶《あいさつ》のために腰をまげた男の尻に押し出されて倒れたところをハンスに助けられたのである。そうした偶然の出会いを「運命の人」と勘違いしたのはアナのほうなのだ。

チャンスを捉えるのに目ざといハンスだが、アナの代理人としての役割を果たすなかで、野心が大きくなっていった。王子として十三番目で、領地をもらえるあてもなく、うだつの上がらないハンスには、他の王国の王女と結ばれる以外に自分をステップアップする方法が見つからなかったのだ。

❄アナとハンスとのシンクロ

アナと舞踏会で二度目の衝突をしたハンスは、踊りが上手で巧みにリードする。二人は媚薬的効果があるかもしれないチョコレート・フォンデュを食べ、くすくすと笑いながら庭などを散歩し、親密な関係になっていくのだ。そして、ハンスは兄たちに「見えないもの」として無視され、アナは姉から扉を閉ざされたので、自分たちの境遇が似ていると共感する。「おかしな事（something crazy）を言っていい？」と声に出したのはアナのほうだった。そして、「とびら開けて」の歌が始まる。この作品全体で、扉や門の開け閉めが重要になるが、アナの扉は、エルサの扉とはまた別のものである。

アナは、以前から目の前に扉があったのだが、突然あなたに「衝突した（bump）」と、歌によって二人の出会いを物語る。そして、ハンスとアナは踊りながら歌うだけではない。橋を渡って歩く二人の上に月がかかり、灯台の丸い灯りが重なり、遠く離れたところにある帆船の帆に二人のシルエットが影絵のように投影される。さらに、ハンスの両手とアナの手が、月を囲んだハートマークを作るのだ。

なかでも、時計を前に二人が歌う箇所がとても重要となる。二人はぎくしゃくとして、人形かロボットのような機械的な動きをとって踊るのである。そして「私たちの精神的なシンクロナイゼーション（synchronization）が、一つの説明（explanation）になる」と歌うのだ。二人の周りには仕掛け時計の人形たちがいっしょに踊っている。これは、アナが「雪だるまつくろう」で、柱時計を一人で眺めて、靴や目玉を振り子の動きにシンクロさせていた場面とも重なる。

夜遅くなっても二人が踊り続けていることから、「一晩中でも踊れる」と、「生まれてはじめて」で宣言した通りになったことがわかる。そして、アナが結婚の報告に向かったことで、姉妹の決裂と雪の女王へのエルサの変身が始まる。エルサの「レット・イット・ゴー」で早い時間に夜明けになっていくのも、夜の短い七月の出来事だからと納得がいくのである。もしも、本当の冬を舞台にしていたら、夜の闇が続く作品になったのだろう。

アナが人間関係でシンクロを理想と考えているのは、踊りのパートナーとしてのハンスをそのまま信用することからも間違いない。アナは歌と踊りを通じて、ハンスが自分と似ていると考える。だが、シンクロしていたはずのハンスが、歯車がずれたように、アナの考えを裏切ったのである。こうした表面的な共鳴とは異なる関係をもった相手が、クリストフとなる。アナとクリストフの関係は最初から対立し、歯車が噛みあわなかったが、北の山へと向かう体験を通じて、しだいに歯車が合っていくのだ。

❄キリストを背負う者

ハンスに後を託して、エルサを連れ戻すために北の山へと向かったアナを直接援助する存在がクリストフの役目となる。オーケンの店で二人は出会うのだが、アナは緑のケープをすべり落ちたときになくし、スカートは落ちた川の水で凍りついてしまう。そこで購入した冬用の服に着替える。エルサは紫色のベールを投げ捨てたが、デザインは異なるものの、アナが冬用の紫色のケープを身に着けたことで、二人の間に色のつながりが生まれるのだ。これがアナの変身であり、雪の女王をしめす水色の衣装に変わったエルサの変身に対応しているのである。

だが、エルサを探し求めていたアナが、クリストフから情報を得たことで、北の山が自分の目的地だと了解する。その道案内として援助者が必要で、アナはスヴェン用のニンジンや登るための道具を金のないクリストフの代わりに購入するのだ。しかもニンジンはオラフの鼻になるし、ロープなどはオオカミに襲われたときにクリストフを助ける道具として活躍する。

クリストフが援助者の役目をになうのは、その名前がしめしている。ソリに乗っているところをオオカミに襲われて落ちたときに、アナに「クリストファー（Christopher）」と呼ばれると「クリストフ（Kristoff）だ」と訂正する。じつは、どちらも聖クリストフォロスに基づく名前なのである。三世紀頃活躍したこの聖人には、イエス・キリストを背負った者という伝説があり、そこから転じて旅人の守護聖人となってきた。日本でも芥川龍之介による「きりしとほろ上人伝」という小説に描かれている。

そして、十五世紀のフランドルの画家ヒエロニムス・ボス（ボシュ）に、幼子キリストを背負って川を渡る聖クリストフォロスを描いた絵がある。このイメージがクリスト

ヒエロニムス・ボス《聖クリストフォロス》
（ボイマンス・ヴァン・ベーニング美術館所蔵）

フにつながったのである。
　難所である北の山へと向かう道でぶちあたった谷間を飛び越えるアナを、結果としてクリストフとスヴェンが手伝ったことも、クリストフォロスに由来する名前がしめす通りだったのだ。ただし、その手助けのせいで、支払いが終わったばかりのクリストフのソリが犠牲となった。エルサは「レット・イット・ゴー」の歌とともに、魔法によって氷の橋を架けることができたが、アナは道案内をしてくれるクリストフの手助けによって、ようやく北の山にたどり着けるのだ。

❄孤独の共鳴

クリストフが旅人の守護聖人としての役目を果たすだけでなく、アナと共感する面があるとすれば、それは「孤独」であろう。最初に「氷の心」の歌の場面で登場したときから、スヴェンというトナカイとセットになっていた。トロールの谷でも、パビーによるアナの治療のようすをともに眺めていた。さらには、戴冠式の広場で売るために氷を運んできたときも二人（?）きりである。トロールに育てられたように、「孤児」なのである。それは両親を嵐の海で亡くしたアナと共通点となる。

オーケンの小屋から追い出され、無料の宿泊所と称した倉庫にいるとき、クリストフは、スヴェンに「トナカイのほうがずっといい（Reindeers Are Better Than People）」という歌を歌って聴かせる。「トナカイは人間よりもいいよね」と始まり、人間は叩いたり、罵《ののし》ったり、つらくあたったりするが、クリストフは例外だと、スヴェン（＝クリストフ）に言わせる。そして、二番では「人間はトナカイよりもずっと匂いがいい」となり、今度もやはりクリストフがだけが例外だと返答するのだ。クリストフはスヴェンを「仲間（buddy）」と呼んで対等なのだが、自分は「人々」のなかに入っておらず、他に友達や身寄りのないことがはっきりする。この「仲間」はアナがエルサに対して「雪だるまつくろう」で使った言葉でもある。

アナも会話のなかで比較級を使うのだが、エルサの美しさを称《たた》えるときには緊張して「もっと美しい（beautifier）」と子どものような間違えをしでかす。ハンスの結婚の申込みに対しては「もっと頭の変な（crazier）答えをしていい？」としてイエスと答える。だが、クリストフの使うトナカイと人々を比べる比較級はそれよりも深刻である。歌のなかでも台詞でも、孤独の代償として腹話術を使って、スヴェンと会話をしているふりをしている。この一人二役は、自分が押し殺している本音を、代わりに語る道具でもあるのだ。

孤独をまぎらわすために、クリストフがスヴェンを会話の相手に仕立てるようすから、L・M・モンゴメリの『赤毛のアン』のなかで、孤独だったアンがもらわれた先で、ガラスに映った自分の姿やこだまの声に名前をつけて「心の友だち」としていたことが思い出される［第八章］。小さな子どもは言葉を交わすために空想の存在つまり「想像の友だち（imaginary friend）」を見出すものだが、クリストフはまだその段階にいるとわかる。クリストフがスヴェンに話しかける姿は、アナが広間の絵に話しかけていたことと対応するのである。

クリストフにとって、今まで孤独を癒やし、自分を育んでくれたのがトロールの世界だった。それは人間の世界ではない。エルサが観念的に「風と空を伴った者」と歌ったこととは異なり、クリストフは氷配達人として生まれたときから、氷にだけ興味を抱いてきた人間だった。つまり心が子どものまま成長していないのである。クリストフの未熟さは、怒りから大男であるオーケンを「ペテン師（crook）」と呼んで、小屋の外につまみ出されることでもわかる。さらに、初対面にもかかわらずアナの婚約にあれこれと口を出すのだ。クリストフも凍りついた心から解放されなくてはならない一人だったのである。じつは同じようにアナも悪態をよくつく。これが二人の歯車が合った理由かもしれない。

クリストフが孤独である背景になっている事情は、アナやエルサと同じく親をもたないという「孤児」というだけではない。彼がアレンデールの町の広場で誰とも話さないのは、周囲に無視されているからだろう。クリストフの設定は、かつてラップランドと呼ばれた、ノルウェーからロシアにかけた一帯に住むサーミ人をモデルにしている［Solomon: 98］。

『アナと雪の女王』は、アナが自分の相手として、同じノルウェー人のハンスではなくて、サーミ人であるクリストフを選ぶ物語でもあるのだ。冒頭でクレジットとともに流れる「ヴェリィ」が、サーミ人の音楽であったように、これは意識的に描かれている。ノルウェーの人口は五百三十万人ほどだが、ノルウェー・サーミは四万人ほどとされる。国民の一パーセントに満たない少数民族なのである。*1

クリストフの歌のなかで、トナカイを「人々が叩き、罵り、からかう」と言うが、スヴェンに託したクリストフたちサーミ人の扱われ方を歌っているようにも聞こえる。「需要と供給」という言葉を使って値段を不当に釣りあげたオーケンのやり方は、そうした差別の一つに思える。そして、クリストフの悪口が原因とは言え、暴力的に店から追い出されたのも、まさにそうした処遇の実例かもしれない。クリストフとスヴェンが一心同体に思えるからこそ、歌詞にある人間によるトナカイへの虐待の部分は、腹話術によるサーミ人の本音に思えてくるのだ。

サーミ人は、トナカイを追う遊牧民だったが、定住化政策によって、しだいに移動しなくなった。クリストフが氷配達人として描かれていることもそうした動きを映し出している。定住を決定づけた要因の一つが、一九八六年に起きた旧ソ連のチェルノブイリ原発の事故だった。ヨーロッパ中に降った放射性物質により、スカンジナビア半島の牧草や森のキノコなどが汚染された。それらを餌として食べたトナカイの肉に蓄積されるので、一定量になるとトナカイが食用にならない。『アナと雪の女王』がノルウェーで公開された翌年の二〇一四年にも、放射性物質のセシウムを含んだキノコ（ショウゲンジ）を食べた野生のトナカイが、体内に取り込んだセシウムの基準値を超えるので殺処分が検討されていた。[*2]

サンタクロースのイメージとつながり、トナカイとの気ままな暮らしをしている牧歌的な遊牧民と見えるサーミ人だが、定住化政策のなかで、言語も生活習慣も異なるせいで、学校などで民族差別を受けてきた。クリストフがアナを連れて帰った恩人なのに城のなかに招き入れてもらえないのは、そうした暗黙の差別が隠れていても不思議ではないのである。

クリストフに影響を与えているのは、そうしたサーミ人をめぐるノルウェーの歴史だけでない。クリストフを「山男」にしたかったと監督たちは証言している［ビジュアルブック：八三頁］。「山の男」（マウンテンマン）は、ロッキー山脈などでビーバーなどの毛皮をとって、自給自足に近い暮らしをしている。彼らが里に降りてくる理由は交易のためで、これは西部劇などで描かれてきたアメリカの西部における男の原型でもある。サウナもあるオーケンの小屋は北欧の風俗を踏まえているが、同時に西部にある交易所を彷彿《ほうふつ》とさせるのだ。だから、正確な名称は「さまよえるオーケンの交易所（trading post）」となっている。

こうした山の男を描いた映画の一つが、レオナルド・ディカプリオが主演した『レヴェナント――蘇えりし者』（二〇一五）だった。実話に基づき、雪山に置き去りにされたマウンテンマンが復讐のために戻ってくるサバイバルの話である。そうした不屈のイメージがマウンテンマンにはつきまとうので、クリストフの設定の参考にされたのだ。

❄ハンスからクリストフへ

アナの心は、シンクロをしていたハンスから、言い争いや衝突もするが孤独を共有するクリストフへと少しずつ傾いていく。それが決定的になるためには、アナの心臓が凍りつく必要があった。「凍った心」がしだいに凍てつく物理的な心臓として存在することになる。それを解かす「真実の愛（true love）」を求めるときに、クリストフの役割が旅人の守護聖人を超えることになる。

ハンスの王国である「南諸島」の位置は判然としないが、名称からアレンデール王国より南にあるとみなせる。これは「北の山」を根城にするクリストフとは対照的なのだ。アレンデール城とアナをはさんで南北の男がいるのである。ハンスの造形はノルウェー人の骨格や衣装をもとにしているが、クリストフのほうはサーミ人と北米のマウンテンマンが合成されたものだった。

十九世紀の舞台設定ではあるが、ここでは海に面した港町としてのアレンデール城に住むアナが、海からやってきたノルウェー人の王子ハンスから、山男でサーミ人のクリストフへと相手を替えるのである。十三番目の男として裏切るハンスではなくて、クリストフが名前通りに、幼子キリストのようにアナを谷間の向こうにある北の山に届け、さらに心臓の凍りついたアナをアレンデール城へと届けるのである。ハンスもクリストフも、アレンデール王国を救済するアナにとっては、援助者の役割をしている。もしも二人がいなければ、アナとエルサの物語へと純化しなかったのだ。しかも、後半の「真実の愛」をめぐる騒動で、アナの凍った心を解かすのは、ハンスはもちろん、クリストフでさえもない。

天然氷を扱うクリストフとしては、いちばん高値で売れるはずの夏場の氷を台無しにした、人工の雪や氷を作り出すエルサの魔法を制御させるために、アナを手助けしたともいえる。そして氷配達人の仕事の代わりに、心臓が凍りつくアナをアレンデール城まで届けたのである。全身が凍りついてしまったアナの復活、つまり蘇りを手伝った点で、クリストフがキリストを背負う聖人に由来する名前をもっていることは当然である。そう考えると、アナという名前が、キリストを宿した聖母マリアのさらに母である聖アンナに由来することも偶然ではないだろう。キリスト教に基づく名前を与えられたことで、アナとクリストフの関係は、単純なラブロマンスのパターンから脱却したのだ。

◎註
＊１　小内透編著『ノルウェーとスウェーデンのサーミの現状』（北海道大学大学院教育学研究院教育社会学研究室、二〇一三年）
https://www.cais.hokudai.ac.jp/wp-content/uploads/2013/05/NorwaySweden_saami2013.pdf
＊２　「トナカイ肉の放射能濃度が急上昇、ノルウェー」
https://www.afpbb.com/articles/-/3028573

＊＊＊＊＊＊＊＊＊＊＊＊＊＊＊＊＊＊＊＊＊＊＊＊＊

第６章　オラフとマシュマロウ

❄二つの人工物

エルサの魔法が生み出したのは、夏を冬に転じた人工の雪と氷の世界である。アレンデールの町がフィヨルドを含めてすっかり凍ってしまったので、交易もできない状態になった。そこでアナは夏を取り戻すと宣言する。そしてクリストフも「氷のビジネス」を続けるために、エルサに夏を回復してもらわないとならない。氷が高値で売れるのも暑い夏の間だから切実なのである。

ところが、夏に戻す方法をエルサが知っているはずはない。エルサの能力そのものが、制御はできても、性質を変えられないからだ。唯一の手段は、ハンスが口にしたように、冬の製造者であるエルサを封印し、息の根を止めることだろう。アナも魔法を止める方法を知らないのだが、姉と会えば解決すると考えている。

アナがエルサを解放し、さらに問題を解決するための手助けをしてくれるのが、エルサの生み出したオラフとマシュマロウという二種類の人工物だった。人間の援助者だけが、物語を結末に導くわけではない。一つは「愛(Love)」に基づくもので、もう一つが「恐れ(Fear)」に基づくものだった。氷と「愛と怖れ」とのつながりは、「氷の心」の歌のなかに予告されていた。この二つの感情は別々ではなくて、反転したり、揺れ動いたりする。水が凍って氷になり、逆に解けるようなものだ。

最初からのパートナー

雪だるま(snowman)のオラフという名前そのものは、スカンジナビア半島に多くあるものだ。現地取材をしたバレストランド村にある、木造のスターヴ様式の聖オラフ教会が、戴冠式が行なわれたチャペルの美術に利用された。

聖オラフは十一世紀のノルウェーの聖人王であった。若い頃は海賊だったという経歴の持ち主である。かなりの暴君だったが、ノルウェーを統一し、キリスト教国にした功績で英雄視されてきた。聖人の日は七月二十九日である。[*1] つまり、統一王の名を冠するオラフがクリストフ同様にアナを援助するのは不思議ではないだろうし、七月と深く結びついているからこそ、夏に姿を現すのだ。ひょっとすると、聖オラフの日にちなみ、七月の舞台設定になったのかもしれない。

キャラクターとして、ニンジンの鼻をもち、動いて、話をする雪だるまのオラフが最初に登場したのは「雪だるまつくろう」の歌とともにだった。エルサの魔法で作られた雪だるまで、「ぼくはオラフ、あったかいハグをして」とエルサは声色を使って話す。パピーがアナの記憶を改竄《かいざん》したときも、どうやらその部分は消されずにいたようで、後でオラフだと本人が自己紹介をしたときに、アナは思い出して理解する。そして、「レット・イット・ゴー」の歌の途中でエルサの手によってオラフが作られる。オラフは最後まで登場するが、そもそも最初からアナとエルサのパートナーだったのだ。

当たり前だが、オラフは「冬」のなかでしか出現できない。しかも三つの雪の塊がバラバラになっても、『トイ・ストーリー』に出てきたミスター・ポテトヘッドのように組み立てられる。頭をアナに蹴飛ばされると、ラグビーボールのようにクリストフとアナの間でやりとりされる。衝撃で外れた頭を追いかける胴体が、こっけいに見える。

アナたちとの出会いにおける笑いの場面はうまくできているのだが、字幕でも訳しきれていないので説明をしておこう。オラフは自己紹介をして、アナの名前を聞いたあとで、「あっちにいるファンキーな顔のトンマなやつの名前は？」（Who’s the funky-looking donkey over there?)」とクリストフの名前をアナに質問した。その際に「トンマなやつ」と比喩的に言った言葉を、アナはオラフが本来の「ロバ」とトナカイを勘違いしたと思い「スヴェン」と返答する。そして、オラフがスヴェンのほうを「こっちのトナカイは?」と質問すると、やはり「スヴェン」と答えるのだ。

オラフは、クリストフとスヴェンが同じ名前をもっていると思い込む。クリストフがオラフの手を取り外して勝手に曲げて悪戯をしたときに、取り戻すために「やめろ、スヴェン（Stop it, Sven）」と叱るのだ。あとで、トロールの谷で「クリストフって誰?」と質問しているのもこの勘違いのせいである。これはクリストフの腹話術に対応している。どうやらオラフには、トナカイのスヴェンの代弁をしているのが、クリストフだと思えているようである（これは『三びきのやぎのがらがらどん』に登場するヤギが、三匹とも同じ名前をもっていたことを連想させる）。

オラフの言葉はこのように辛辣《しんらつ》でもある。夏に登場した雪だるまという矛盾した存在はコミカルだが、頭が逆さまになったオラフが「コウモリみたいにぶら下がっているのはどうして」と口にしたように、見方や視点を転換する手助けをする。オラフは、アナたちをエルサのもとへ案内するが、同時にアナのハンスへの思い込みを変えていく重大な働きをしているのだ。

❄あこがれの夏

オラフが「オー・ラフ（Oh, Laugh）」つまり笑えるという響きを含んでいるように、道化的であることはすぐに理解できる。オラフの逆説的な存在を自分からしめしたのが、「あこがれの夏（In Summer）」の歌だろう。クリストフが「エルサに夏を取り戻してもらう必要があるんだ」と言うのを聞いて、オラフは夏への憧れを表現する。ただし、歌詞全体は、夏が来たら雪だるまがどうなるかを歌ってもいるのだ。

「蜂がブンブンうなり（buzz）、子どもたちがタンポポの綿毛（fuzz）を吹くようになると、夏に雪ができることを何でもやろう」と始まる。タンポポの綿毛のなかをオラフがかけめぐり、夏の海岸で雪だるまがバカンスを過ごす空想が広げられる。「手（hand）には飲み物」「砂（sand）」「ゴージャスに肌を焼こう（tanned）」と脚韻を踏んでいて、オラフはサングラスをして砂浜で日焼けをしている。そして、夏の微風が冬の嵐を追い払い、「固い水（solid water）＝氷」がどうなるかを見届けたいと考えるのだ。海の上で、だんだんと雪玉が小さくなっていくことがわかる。

砂で作った雪だるまたちが登場し、オラフはカンカン帽にステッキをつく姿で、カモメたちと踊りを繰り広げる。そして、「熱いものと冷たいもの」を一緒にするのは、「道理にかなっている（it just makes sense）」と歌うのだ。オラフは仲間の雪玉と飲み物に氷を浮かべて楽しむ。夏への思いに酔っているオラフの姿は、「熱い氷（hot ice）」とも言える。これはシェイクスピアの『夏の夜の夢』に出てきた、「ありえない」ことをしめす「撞着語法《オクシモロン》」として有名である。バカンスを楽しむ雪だるまは、アニメーションだからこそ表現できたのだ。でも、それでも、夏にいれば、しあわせな雪だるまになる、とオラフは歌う。

「人生がつらいとき、夏の太陽の下でリラックスし、蒸気（steam）を体から出す夢（dream）を見る」と歌う。普通に考えるとバカンスの太陽のもとで、汗をながすことだろうが、雪だるまであるオラフには別の意味がつきまとう。そして「空は青くなり、君たちもそこにいる」というのは、蒸発して飛んでいってしまった仲間の雪だるまのことのようだ。「夏になって、凍ったもの（frozen things）がやることを、ぼくが最後にやる」と続くのである。オラフの歌全体では、夏になると雪だるまが解けてしまう点を無視してはいない。

しかも、歌詞と映像とは裏切るように作られていて、それがおかしみを誘う。オラフが「君たち」と歌うときに、冬服のままのクリストフとアナが、大盛りのサンドイッチを持っていて、スヴェンだけがむしゃむしゃと食べているようすが出てくる。これは草原の上でピクニックをしている光景だが、アナが「生まれてはじめて」で踊りながら参加した城の広間にかかった絵の一つに、男女が仲睦《なかむつ》まじく横たわる絵があった。その絵で描かれていたのはバゲットだったが、ピクニックの場面ではサンドイッチになっている。サンドイッチはハンスの好物だ、とアナがクリストフに返答したものである。そして、オラフが「イン・サマー」と高らかに歌いあげると、夏の風景が冬の風景へと戻ってしまう。

オラフがカモメと踊るところは、実写とアニメを組みあわせた『メリー・ポピンズ』（一九六四）に出てきた「楽しい休日（Jolly Holiday）」という歌と映像へのオマージュである。バートというメリーの仲間が、メリー・ポピンズといっしょに田舎の景色を散歩する。そしてペンギンが経営するカフェで、バートはペンギンたちとカンカン帽とステッキを持って踊った。オラフはカモメといっしょに同じ格好で歌ったのである。夏のバカンスなので、同じ鳥であっても、南極をはじめ寒い地域にいるイメージのペンギンは似合わなかったのだ。

同じように『メリー・ポピンズ』には、オラフが歌ったような逆説的な歌が存在する。メリー・ポピンズが興奮して眠れない子どもたちに聞かせる「眠らないで（Stay Awake）」という子守唄である。目を覚ましたままでいなさい、という命令なのだが、だんだん眠くなってしまうのだ。ディズニーが自社の過去作へのオマージュを行なうのは、自分たちの伝統を忘れないためである。

そして『メリー・ポピンズ』では、無情にも降ってきた雨のせいで、バートが路上にチョークで描いた絵の風景に入っているという幻想が壊された。絵が雨に流されてしまうと、そこにはロンドンの現実世界が現れる。同じように、オラフが「夏になったら」と高らかに歌いあげると、周囲にあるのは、夏とはほど遠い冬景色になってしまった北の山だった。

❄真の援助者へ

アナによって頭の位置が戻ったオラフが、「ぼくは完璧(perfect)」と喜ぶと、アナは「だいたいね」と言って、スヴェンの好物であるニンジンを突き刺して鼻にする。アナはかつてエルサと遊んだときのオラフを無意識に再現していたのである。「完璧な女の子(perfect girl)」という理想が、エルサを呪縛していた。アナがオラフにニンジンの鼻を与えたように、完璧とか完全が一人きりでは成立しないことがしめされる。しかもオラフの鼻は、たえずスヴェンにかじられそうになるのである。

道化的なオラフは、歌ったあとで気分が盛りあがり、「夏を取り戻そう(Let's bring back summer)」と皆に気合いを入れて、アナたちをエルサのもとへと案内する。ここが百二分の映画全体の半ばにあたるのだ。この分岐点で、単なる雪だるまではなくて、声をもったオラフが登場して、事態解決へと向かっていくのである。アナの援助者は、北の山からアレンデール城へと届けるクリストフから、オラフへと交代するのである。

本来は夏なのにアレンデール王国全体の季節が反転して冬になっているからこそ、オラフは存在し続けることができる。クリストフが「誰かが本当のことを彼に言わなくては」と心配するのもそこなのだ。「熱を感じたことがない」とクリストフに告げたが、憧れの夏に到達する方法の一つが、暖炉に火を点けて熱を生じさせることだった。アナの心臓が凍りつきかけたときに、アレンデール城でオラフは火をたく。自分が消えてしまうかもしれないオラフの「自己犠牲」に、雪だるまとしての設定が活《い》きてくる。「雪の女王」だけでなく、アンデルセンの「雪だるま」という短編がオラフの造形に寄与したという指摘もある〔叶：六三－四頁〕。「あこがれの夏」のなかで、オラフ自身が夏に「凍ったものがやることをやる」と歌った言葉が、その決意を促しているのだ。

オラフが雪である自分の身を解かしてまで、凍りつきかけたアナを助けようと努力したことも当然なのかもしれない。そもそもオラフは、エルサがアナを喜ばせるために作ってあげた雪だるまの名前だった。子どもの頃のエルサは妹のアナを直接救えなかったが、オラフがエルサの代理人としてアナを救うのだ。そして、オラフから引き継いで、最後にエルサが完全に凍ったアナを「真実の愛」で救う。それはまたアレンデール王国をハンスの陰謀からも救うことになる。物語のラスト、スケートの場面でオラフが姉妹によりそっているのも不思議ではない。こうして、オラフの行動は、ノルウェー王国を統一した聖オラフの偉業ともつながるのである。

❄無意識の怪物

マシュマロウは、エルサの氷の宮殿に到達したアナとクリストフたちを追い払う役目をになっている。日本語表記からもわかるように、白いお菓子のマシュマロにちなんだネーミングであり、英語の表記は同じである。だが、マシュマロウは、お菓子のように甘い相手ではない。アナたちを氷の宮殿から追い出す巨大な怪物として姿を見せる。今回のトロールが丸い石を思わせるキャラクターとして造形されたので、巨大なマシュマロウは、ノルウェーの伝説に出てきた巨大なトロールの代用であり、代わりに脅威を与えるのだ。

チョコレートとは異なるが、お菓子が襲うという、このマシュマロウの造形や設定には、ハリウッド映画の過去の作品が借用されている。アニメーション映画だけが、アニメーションに影響を与えているわけではない。

マシュマロでできたマスコットというお菓子そのものが世界を破壊する設定の映画があった。それが『ゴーストバスターズ』（一九八四）である。破壊神ゴーザがニューヨークを破壊する際に、破壊する怪物を人間に選択させると、一人の脳裏に浮かんだのが、お菓子のマスコットキャラクターだった。かわいらしいセーラー帽にセーラー服姿の巨大なマシュマロマンが、ビルを破壊するのである（ちなみにセーラー服は水夫の服であり男の子のものである）。ゴーストバスターズの活躍で倒されると、街中に溶けたマシュマロがあふれるのだ。

マシュマロウが影響を受けているのは、そうした外観だけではない。エルサがアナたちを拒絶することによって、無意識に生み出された怪物であることがヒントとなる。マシュマロウの先祖はＳＦ映画の古典である『禁断の惑星』（一九五六）に出てきた「イドの怪物」だろう。イド、つまりフロイトの心理学理論の無意識に焦点が当てられたのだ。クレール人という異星人による遺跡が残る惑星で、移民団の博士の無意識が遺跡によって増幅され、地球に帰還したくないとして移民団やその救助隊を破壊していくのである。憎悪が根底にあり、通常では目に見えない怪物として周囲を破壊をするのである。結末で、博士自身がイドの怪物によって滅ぼされることになる。

博士と怪物との関係が、そのままエルサとマシュマロウの関係に利用されているが、使い方は当然ながら異なる。エルサの氷の宮殿自体は、彼女を守る場所ではあるが、国王である父の肖像や命令から逃れたはずなのに、完全に脱却できたわけではない。そして、氷の宮殿そのものが崩壊し消え去るというクライマックスを迎えはしない。だが、肖像画の父王が象徴していた王権との古い関係を断ち切るために、エルサにはマシュマロウが必要であり、それは意外な形で使われた。

❄ティアラを受け取ったもの

氷の宮殿の護衛であるマシュマロウは、「二度とくるな」と脅すので、声をもっているが、大半は吠えているだけだ。それでいて映画の最後に登場するキャラクターでもある。アレンデール城に再び平和が訪れると、スタッフなどのエンドロールが流れ始める。「レット・イット・ゴー」の別のバージョンが歌われ、シンフォニックに編曲された「生まれてはじめて」や「雪だるまつくろう」が演奏される。そして静かにディズニーのクレジットが出る。

そうすると氷の宮殿が現れて、マシュマロウが姿を見せ、床に落ちていたティアラを踏みそうになる。マシュマロウはそれを拾うと、どうしようかと一度ためらってから、頭に載せるのである。そうすると明かりに照らされるのだ。まるでマシュマロウが、人間が去った後で氷の宮殿の主となったように見える。

これは、ジョン・ラセターが宮崎駿のファンだと考えると、『ルパン三世　カリオストロの城』（一九七九）からの借用なのだろう。[*2] クラリスというカリオストロ公国の大公息女、つまりお姫様と伯爵との偽りの結婚式を、ルパン三世とその仲間が阻止するために乗り込む。そして、結婚式からルパンと逃げ出したクラリスは、自分の王冠を脱ぎ捨てる。このあと、仲間の一人である次元がクラリスの王冠を頭に載せてしまう。無法者の頭の上では、何の権威でも象徴でもなくなるのだ。そして、冠の束縛から解かれた長い髪をなびかせ、大公息女という呪縛からのがれたクラリスが登場する。これはそのまま、ハンスとアナの偽りの婚約が破綻《はたん》した話とも通じる。

エルサがアナといっしょにスケートをしている最後の場面では幼いときに戻って、オラフと三人で集まっているのである。マシュマロウが投げ捨てられていたティアラを頭に載せたことで、もはやエルサはアレンデール城でも、亡き父の権威に縛られることがなくなった。そして、アナはもちろんエルサも編んだ髪を垂らして、自由を満喫《まんきつ》するのである。

＊＊＊＊＊＊＊＊＊＊＊＊＊＊＊＊＊＊＊＊＊＊＊＊＊＊＊

◎註

＊１　https://www.catholic.org/saints/saint.php?saint_id=132

＊２　『ルパン三世　カリオストロの城』は、ジョン・ラセターが一九八二年にビデオで観た宮崎監督作品で大きな影響を受けた作品でもあった。宮崎や高畑勲などテレコムのスタッフが、ロサンジェルスを訪れて、ディズニー・スタジオなどを見学し交流をしたときにビデオテープを持っていったのだ〔叶：一七五―八頁〕。

第7章　夏の回復と女王の帰還

❄ミュージカルからアドベンチャーへ

『アナと雪の女王』は、アナ役のクリステン・ベルによると、過去のディズニー作品と比べて、「おそらくこの作品はこれまでで一番多くのアドベンチャーをはらんでいる」〔ビジュアルブック：三三頁〕。冒頭はアナとエルサが小さい頃からの時間の経過を語っていたが、戴冠式から最後のクライマックスまででは、冬が訪れた暗闇から夏の明るさへの転換が圧縮されて語られる。オラフの「あこがれの夏」以後、歌の場面は減り、アクションによって解決されるのだ。

冒頭の「氷の心」はコロスのように、前半で展開される氷の恐ろしさを伝えていた。それに対して、全体の中間にあたる箇所で歌われるオラフの「あこがれの夏」は、後半のテーマをしめしている。オラフは全編「だろう（will）」を使って自分の願望をコミカルに歌っていた。そして、雪だるまが夏のバカンスを過ごせるという内容によって、「夏をアレンデール王国に回復させること」と、飲み物の氷や雪だるまが解けるイメージから、「凍りついていくアナの心臓を回復させること」が中心となると今後の展開が予告されている。そこに向けて、作品の全要素が動員されるのだ。

とりわけ後半に数多くのアクションやアドベンチャーが盛り込まれているのは、各キャラクターの心のなかで「凍りついた」愛や悔悟《かいご》や反省や野心が解凍されていくプロセスに、比喩としてだけでなく、物理的な表現が伴うからである。クリストフがアナに質問したように、エルサが凍ったものを「解かす（unfreeze）」ことができるのかが問われている。そのためには、人々が氷の塊のようにぶつかり争い、さらに建物や氷が破壊される表現を通じて、対立が壊れていくようすを観客にも納得させる必要がある。

説得力をもつシーンを描くために、ディズニーによる長編アニメ五十年の歴史において、初めて本格的なワイドスクリーン画面が採用された。画面の大きさをしめすアスペクト比を見ると、縦の長さに対して横が二・三九倍のいわゆるシネスコサイズとなって幅広い（数値はＩＭＤｂによる）。『塔の上のラプンツェル』は、横が一・八五倍だったことと比べると、画面はかなり幅広い。

幅広い画面はそれだけ眺望や奥行きのある映像が作成できるし、氷の宮殿の内部から、凍りついたアレンデールのフィヨルドや城まで、物語後半の舞台の表現を豊かにしてくれた。横長画面でなければ、雪崩のように襲ってくるマシュマロウの姿とか、クリストフを乗せたスヴェンが、アレンデール城に向かって雪の村や凍りついたフィヨルドを疾走する姿とか、氷の宮殿で巨大な氷のシャンデリアがエルサの頭上から落下して砕け散る場面も迫力がなかっただろう。後半は、キャラクターの心理的な葛藤《かっとう》の解決を、キャラクターの物理的な動きを通じて描くアニメーションならではの描写に満ちている。その流れをたどっていこう。

❄マシュマロウに追われる

北の山へと向かったアナとクリストフは、氷の宮殿に到着する。直前に、一人で岩に登りかけたアナが飛び降りると、クリストフが反射的に両手で受け止めるが、アナは「信頼できる相手なのかを判断する練習みたいなもの」と理屈づける。セーフティーネットとしてのクリストフの役割を表現しているし、クリストフの立場は、最後までアナがそれ以上落ちないようにと抱きかかえることだった。

オラフが谷間にかかった階段を見つけ、まずアナが単独で宮殿に入っていく。エルサが姿を現し、戴冠式の前に歌われた二重唱の「生まれてはじめて」のリプライズが歌われる。リプライズとは、音楽用語で再現部や反復という意味だが、前の曲とは雰囲気を変え、歌詞も大きく入れ替わっている。戴冠式前のバージョンと決定的に異なるのは、二人が別々ではなくて、互いを見ながら歌う点である。前回は平行で歌われて視線が交わることがなかったが、今回は互いの顔を見て歌っている。ところが二人の気持ちの溝は埋まらない。

アナは山を降りようとエルサを誘うが、エルサはここにいれば一人きりで自由だと言う。しかもアナに迷惑をかけないで済むと断言する。だが、エルサはアレンデール全土の状況をわかっていないのである。エルサが「私は何を知らない（know）の？」と質問すると、「アレンデールはとてもとても深く雪（snow）におおわれている」とアナは答える。雪の深さがエルサの無知の深さとつながっている。エルサは氷の宮殿だけでなく、自分がアレンデール王国に呪いをかけてしまったことを知り、自分の愚かさを呪いはじめる。そして、アナはいっしょに帰ることを望むのだ。

エルサの内面の嵐を体現するように宮殿のなかで吹雪が生じ、さらには鏡のように映ったエルサの姿は二重にぶれて心が揺れていることがわかる。アナの「おびえないで」とか「太陽を輝かせることができる」という声はかき消されそうになる。こうして二重唱は音声と映像によって対立と緊張を深めていくのである。

アナが「私たちはこの冬の季節を変えられる」と歌うとエルサは「私にはできない」と強い言葉を吐き、魔法によって生じた刺々《とげとげ》しい氷をアナの心臓に突き刺してしまうのだ。アナが繰り返し使う「私たち」とエルサが繰り返し使う「私」の対立が、二人の間の決定的な距離を物語っている。そしてエルサの魔法はパビーが危惧した通り、心臓を直撃した。ところが、エルサは顔をそむけていたので、アナに直撃した事実に気づかない。ここでも片方の記憶を他方がもっていないというズレが生じるのだが、今度はアナの出来事をエルサが記憶していない、と立場が交代する。

エルサの拒絶の心から、マシュマロウが出現し、氷の宮殿からアナたちを放り出す。それでマシュマロウの門番としての役目は終わったはずだが、怒ったアナが雪玉をぶつけると、本気になって追いかけてくるのだ。二人が追い詰められた崖の端で、クリストフがロープで下ろうとして「ワン・ツー・スリー」とタイミングをはかるが、木が飛んできたので「ツリー」と言って勝手に自分から落ちたのはアナだった。だが、マシュマロウに捕らえられて、「二度とくるな」と吹き飛ばされてしまう。身の危険を感じ、咄嗟にぶら下がっているロープを切ったのもアナだった。馬に乗って姉の救出に向かってから、しだいに行動的になるアナは、あくまでも戦う姿勢をしめしていて、前半の受動的な衝突や落下とは異なる動きをする。アナの落下はしだいにシリアスさを増すのである。

マシュマロウは、氷の宮殿にハンスたちがやってきたときに、雪の塊に見えた状態から目をさまし、襲いかかってくる。だが、ハンスの剣によって足を切られ、橋から谷間へと転落する（最後に登場したときに足が復元しているのは、エルサの魔法によって蘇ったのだろう）。その間に、ウェーゼルトン公爵のボディガードである男が、洋弓を使ってエルサを仕留めようとする。それを阻止したハンスが、氷のシャンデリアを落下させることになった。その衝撃で気を失ったエルサが、結果として捕まったのだ。

❄トロールとクリストフ

崖の下に落下したアナの髪の毛が白くなってきたことで、凍った心臓から全身が凍りついていくことが判明する。そこで、アナを治療させるためにクリストフはトロールの谷へと案内する。アナやオラフの前でクリストフが話しかけている、コケやキノコの生えた石だと思っていたものが、トロールだったのだ。

「愛の専門家」とされるが、トロールは早とちりで、クリストフが彼女を連れてきたと思い込んで、「愛さえあれば（Fixer-Upper）」を歌うのだ。英語のタイトルは、邦題とは大きく異なり「欠点はあるがお買い得の家」という意味である。そのため不動産屋が、建物の傷について「瑕疵《かし》条項」を述べ立てるように、まずはクリストフの欠点が並べられる。歩き方や喋り方や顔や足の形も馬鹿にされ、さらに臭いもすると指摘される。「自然の法則から外れている」とまで言われてしまうのだ。そして、クリストフとは別の人物と婚約しているとわかっても、婚約をしているはずなのに、指輪をしていないアナが、もう一人の「お買い得の家」だとみなされる。婚約は取り消せるし、フィアンセを追い出せと忠告する。

ここで重要なのは「人間が変われる（change）なんて私たちは言わない、だって、人は本当には変わらない（change）ものだから。でも、愛には強力で不思議な（strange）力があるとだけは言える」と歌う箇所だ。アナが「生まれてはじめて」で、「全く奇妙な（strange）ことね。でも、私はこの変化（change）の準備ができている」と同じ語で韻を踏んでいた。ハンスと出会う前のアナは変化を受け入れる気持ちがあった。それに対して、トロールの歌は、ハンスの豹変《ひょうへん》を予告しているとも言える。

繰り返される「修復（fix）」は鍵語である。アナとエルサによる「生まれてはじめて」のリプライズのなかで、アナは「私たちは手に手をとって修復（fix）できる」と歌っていたが、その主題がふくらまされたのである。人は根底からは変わらないだろうが、同時にあらゆる人間は「欠点はあるがお買い得の家」だとされ、「ちょっとした愛をもって」修復すればどうにかなる、とされる。そして、欠点があるからこそお似合いだ、ということがトロールたちの意見なのだ。

確かに「完璧」という言葉に呪縛されたエルサと比べると、アナは欠点があっても「お買い得の家」かもしれないし、同時に「修復者」でもある。そして、トロールたちは「なんじアナはクリストフを」とキリスト教式の結婚式に持ち込もうとまでしたのだ。この風変わりな「ウェディングソング」は、群舞と合唱で祝祭的な盛りあがりを見せ、クライマックスになったかもしれない。だが、そこにパビーが登場して、心臓を攻撃されたのでは、トロールの術では除去できず、解決するには「真実の愛」しかないと結論づける。

クリストフは、アナに対して、会ったばかりでハンスという相手と婚約したことをなじった。それはエルサと同じ意見だったので、アナはクリストフに強く反発した。しかしクリストフに、相手のことをどれだけ知っているのかと質問までされる。知識ではなくて、クリストフのようにいっしょに落下するとか滑り落ちるといった共通体験をもたないと、舞踏会で踊って歌うだけのインスピレーションによるシンクロではわかりあえない、と物語は語っている。

クリストフは配達人としての役目を超えてアナを愛するようになっているが、あくまでも役目としてスヴェンやオラフとともに、アナをアレンデール城にいる「真実の愛」の持ち主であるはずの婚約者ハンスのもとへと届けることになる。手入れが必要な「お買い得の家」であるクリストフは、彼なりの「真実の愛」を心に封印した。その凍った心を解いたのは、彼の心の代弁者であるスヴェンと、エルサが脱出するために引き起こした、爆発のようなアレンデールの巨大な雪煙だった。雪煙のなか、クリストフはスヴェンに乗って氷の割れ目の上を走り、砕けた氷を飛び移ろうとする。ここで、飛び移るのに失敗したスヴェンを置いて、クリストフはアナに向かって氷原の上を自分の足で駆けていくのである。

❄ハンスの野望と失敗

ハンスは相手によって姿を変えるカメレオンとも評される［Solomon: 66］。ハンスの野望が後半になって明るみに出たことで、ディズニープリンセスの相手となる伝統的な王子像を裏切った。『白雪姫』をはじめディズニー作品の王子は、外見と内面とが一致していたが、ハンスは異なるのだ。

そして、王子幻想にまみれたアナは、「真実の愛」の相手として、自分が凍りつくことを阻止してくれると信じてハンスにキスを求めた。その瞬間に裏切って、ハンスはキスをせずに「もしも本当に君のことを愛している人が別にいればなあ」と言う。そして、十三番目の王子として成りあがるために、アナと結婚して、女王を事故死させる計画だったと告白する。

アレンデール王国を乗っ取るというハンスの野心も、最初からむき出しだったのではなく、奥に秘めて凍りついた状態にあった。それが、周囲の状況によって、徐々に解凍されていったのである。アナと出会ったことで、本命のエルサではなくて、妹のアナがターゲットとなった。わざわざ「私はあっちのプリンセスじゃないの」とアナが訂正し、さらに、ハンス本人に好意をもってもらえたと錯覚してしまったのだ。シンクロする共鳴によって、二人は婚約までたどり着いたのである。

女王エルサが魔女である可能性がしめされると、人心は一気に離れてしまった。それがハンスにとって次のチャンスとなった。そして、ハンスはアナの代理人として、アレンデール城を守り、「良き君主」としてふるまう。これが、おそらく手に入れられないと思われた王国を統治する実体験となった。外套を配ったときに、お礼として国民の一人から「殿下（Your Highness）」と呼ばれたことが決定的だったのだろう。そして、交易品を配っていると文句を言うウェーゼルトン公爵に、「国王反逆罪（treason）」で処罰するといきまくのだ。いずれは「陛下（Your Majesty）」と呼ばれたいという願望を実現するために、アナの救出へと向かうのである。この時点では、ハンスにとってアナは地位を上昇するための手段の一つで、生きていることが必要だったのだ。

　捜索隊のハンスたちがたどり着いたとき、アナはすでに氷の宮殿からマシュマロウによって追い出されていたので救出には失敗した。しかし、代わりにエルサを捕らえることができた。エルサの両手を塞いで、魔法を使えないようにする拘束具で縛りつけたのだ。これは魔女たちを社会から排除し、さらに障がいをもった人を部屋のなかに拘禁する「私宅監置」状態を連想させる［荻上：四五頁］。ハンスの野望は計画通りにいくはずだったが、ハンスにはエルサの能力を制御し封じ込める力はなかった。冬を終わらせるにはエルサを消し去ることで解決する以外になかったのだが、結局それも失敗してしまう。

　失敗したハンスへの因果応報は、二度目の海への落下で表現される。一度目はアナが倒れていたボートにハンスが代わりに乗って、自分の馬が前脚を離すと海に落ちた。二度目は、エルサを救おうとして凍りついたアナに剣を折られ、吹き飛ばされて気絶する。そして氷が解けると、船の上にいて、船べりで気づいたハンスは、アナによる怒りを込めたパンチをくらって、海へと落とされるのである。この繰り返しが、アナの落下とは異なる意味をもつことが強調される。そして、ハンスは船倉に放り込まれ、「南諸島」へと送り返される。王位簒奪をもくろんだ人物として、兄たちによる裁きが待ち構えているのだ。

❄アナの自己犠牲とエルサの真実の愛

氷のシャンデリアの落下で気を失ったエルサは、ハンスたちによってアレンデール城へと運ばれてくる。自分を閉じ込めたハンスに「レット・イット・ゴー」ならぬ、「自由にして（Let me go）」と嘆願するが、聞き入れられない。王位継承において、前の王が次の王を指名するパターンもある。脱出したエルサが、吹雪のなかで追ってきたハンスの悪意に気づかず、「アナのことを頼む」と言ったことで、女王の側からハンスへと王位を継承する同意にもとれる。しかも、ハンスは、アナが自分との結婚の同意をしてから死んだと告げ、女王のエルサを反逆者として処刑することをアレンデール王国の臣下やウェーゼルトン公爵たち立会人とともに確認する。

けれども、皮肉なことに、他ならないすべてを凍りつかせるエルサの能力のせいで、アナとエルサはアレンデール城から脱出できたのである。しかも、暖炉に火を点けるというオラフの自己犠牲的な行為によってアナは凍りつく速度を遅らせることができた。凍りつくアレンデール城が壊れてきしむ音を立てるなか、折ったツララを望遠鏡代わりにして、オラフはクリストフが近づいてくる姿を発見する。

そして、アナはオラフとともに凍りついてすべり台のようになった城の外壁をすべり降りる。エルサの魔法で作った雪のすべり台以降、アナが繰り返してきた最後の「すべり」となる。そして、クリストフと会って、「真実の愛」のキスを受けようとするのだが、またしてもキスは宙吊りになってしまった。クライマックスの宙吊りは繰り返される。ハンスの次の「真実の愛」だと思い込んだクリストフへとアナが近寄る場面でも、アナは、ハンスに襲われるエルサに気を取られて、姉の救出のほうを選ぶのである。

アナは自分の体を犠牲にしてハンスの剣からエルサを守ったのである。馬に乗って北の山へと単身で向かったアナがもっていたエルサへの「真実の愛」の帰結だった。ハンスの剣はマシュマロウの足を切断するほどの切れ味をもっているはずだが、アナがエルサを剣から防御できたのは、エルサの魔法がアナの心臓に直撃したおかげでもあった。エルサの凍りつかせる魔法はアナの「死」をもたらしたが、それがエルサ本人を守るのである。[*1]

エルサの変身が注目されるが、アナも全身が凍りつき、蘇ることによって変身を遂げた。キリストを運ぶクリストフォロの名をもった氷配達人と、聖人王オラフの名前をもった雪だるまに守られたアナには、死と復活のパターンが宿っている。それとともにアナが、魔法に囚われていたエルサの「修復者（fixer）」の役割も果たす。「修復すべき家」

であるのは、エルサも同じだった。そしてアナもエルサとは異なるが、変身と蘇りを遂げたのである。死をもたらすとともに自分を復活させてくれたエルサの「真実の愛」を感じたことで、姉に対するわだかまりや憎しみを捨てることができたのだ。今回の治療には、パビーのようなトロールの働きは不要だった。エルサだけでなく、アナもまた変身したことに気づかないといけないだろう。

❄魔法を制御する

オラフの「あこがれの夏」に出てきた「空が青くなるだろう（The sky will be blue）」が鍵となることは、回復後に七月の夏の景色が歌と映像に広がることでわかる。そして、トロールの谷へと連れて行かれるときに、スヴェンの背で空を見あげながらオラフは「空が目を覚ました（The sky is awake）」と口にする。アナは忘れてしまっているが、幼いときにエルサを目覚めさせたくて口にした言葉である。冬に閉ざされて、人々は空を見る余裕もなくなっていた。最後に、アナが蘇ったことを確認すると、エルサはアレンデール王国を閉ざしていた氷と雪を空に集め、巨大な雪の結晶にして散らした。そのとき、城の上空に青空が広がる。この空にオラフが憧れていたのだ。

だが、夏がやってきたので、オラフの「最高の日」がそのまま死の日になる。解けながらそのことを告げると、オラフ専用の雪を降らす小さな雪雲をエルサが与えてくれた。結局アレンデール王国にもたらされたのは、女王エルサの制御された魔法の力だった。国王がエルサに言っていた「制御（control）」とは、魔法をなくせという意味ではなかった。「魔術」と忌み嫌われる魔法も、使用者が感情を制御することで、人間世界と共存できるのである。「黒魔術」もあれば「白魔術」も存在するのである。

それでいて、女王のエルサは、ティアラに象徴される昔からの伝統を破棄した。そして、新しい氷の紋章が加わり、アレンデール城の上で光り輝くのである。映画の冒頭のクレジットで登場するシンデレラ城でしめされる幸福なあり方を継承したのである。

そして、エルサ女王が外観の変身ではなくて、内面の変身を遂げてアレンデール城に帰還したということが、最終的な結末なのである。外面の変身だけでなく、凍りついていたエルサの心を変えるために氷の宮殿は籠《こ》もる必要のある場所だった。エルサは自分から氷の宮殿に閉じこもったのだが、最終的にアレンデール城に帰ってくるにせよ、外部での体験が無価値だったのではなく、エルサが自ら閉じこもった氷の宮殿も、彼女を解放させることに役立ったのだ。『白雪姫』で、自分の城を追い出された白雪姫が、森での小人たちとの体験を経て、王子の城へと向かったこととつながる。森や荒野や別世界での体験が主人公たちを変えるという民話や神話のパターンでもある。*2　幽閉されていたエルサ王女が、女王に即位し、外の世界を体験して、真の雪の女王となって城に戻ってきたのだ。

アナとエルサの誤解と和解の物語は、新しいアレンデール王国を生んだ。アナが、門が開いているというと、エルサは「決して再び閉めたりしない（We are never closing them again）」と宣言する。これは扉の開け閉めによって展開されてきた物語の結論でもある。

それとともに、古い時代の君主が、自分のことを「私たち（royal we）」で表現していた点を考慮すると、この「私たち」が「朕《ちん》」とか「余《よ》」にあたる使い方をしていると錯覚させるのだ。アナを通じてエルサが獲得したのは、「私」がすなわち「私たち」である君主としての認識である。その場合「私たち」にはアナと自分だけでなく、寄り添ってくるオラフ、アナの恋人のクリストフや、さらに国民も含まれることは間違いない。「私たち」が使えるようにエルサの心は変身したのである。

ここでは、魔法を敵視するのではなくて、魔法との共存が図《はか》られる。それは魔法を売り物とするディズニーにとっても必要な和解なのである。そして、アナを支えるクリストフのように、夏に天然氷を売ることでビジネスを行なう者と共存する道でもある。新生アレンデール王国では、スケートの場面でわかるように、エルサの人工氷とクリストフの天然氷がともに対等に扱われるのである。

凍りついた心のこわばりを解かすことで、アナとエルサのように、人々は互いにコミュケーションがとれるようになる。その結末に至るには、封印されていたアナとの過去を明るみに出す必要がある。エルサにとっても、アナにとっても、それは苦しい心理的な体験なのだが、後半の物理的な苦しみを与えるアクションの連続に隠れて見えにくくなっている。けれども、忌まわしい過去を直視することを恐れては、大人の段階へと進めない、という力強いメッセージが『アナと雪の女王』に込められているのだ。

＊＊＊＊＊＊＊＊＊＊＊＊＊＊＊＊＊＊＊＊＊＊＊

◎註

＊1　凍りついたアナがエルサの「真実の愛」により蘇るという設定は、ひょっとするとシェイクスピアの『冬物語』（一六一〇）からヒントを得たのかもしれない。冬のシチリアで、王妃ハーマイオニは、夫のシチリア王から不倫の疑いをもたれ、閉じ込められた牢獄内で自害したことになっていた。ところが、十六年後に、夏のボヘミアで生き写しの彫像として夫の前に本人が登場し、生きていることが明らかになり、舞台上で動き出すのである。アナも凍りついたことで一度は死に、まるで彫像のようになる。それが色づいて蘇るのである。彫像が生を

得る設定は、彫刻家が自分で彫った大理石の女性像を熱愛し、女神に懇願すると生命が吹き込まれてその像が動き出したという、ギリシアのピュグマリオン神話の系譜に属する［小野俊太郎『[改訂新版]ピグマリオン・コンプレックス』を参照]。アナの復活に関する、クリストフなどの援助者からキリストの復活をめぐる連想以外でも、『アナと雪の女王』には古代から存在する「死と再生」の神話が作用しているのだ。枯れて死んだと思った植物の種子が、翌年の春には芽を出すように、植物に基づく再生神話には、季節の営みが関与している。エルサの魔法によってアレンデール王国の夏に冬がもたらされ、季節の順序が混乱させられていた。ところが、アナが死から再生した結果、正しい季節の順序へと戻ることが示唆されたのである。

また『冬物語』は前半の冬のシチリアと後半が夏のボヘミアと明快に舞台設定が対比されている。転換点となったのは、ハーマイオニの娘である赤ん坊を殺すように依頼された者が、殺しきれずに海岸に捨てた後、クマに襲われるエピソードである。どこか森に捨てられた白雪姫にも通じる話だった。シェイクスピア劇は、全体の中間にあたるミッドポイントに大きな転換点をもっている。観客の関心を活性化させた上で、アクションの連続で息もつかせぬ後半の展開へと導くのである。『ハムレット』では、ハムレットが恋人オフィーリアの父親を殺害する場面が、『ロミオとジュリエット』では、ロミオがジュリエットの従兄弟のティボルトを殺す場面が転換点となる。この発想はハリウッド映画の脚本術に利用されてきた。『アナと雪の女王』でも、オラフの歌とその後の氷の宮殿でアナとエルサの対面とすれ違いがある。そしてエルサの魔法がアナの心臓に直撃する事件がミッドポイントで起きる。後半では歌も少なくなり、アクションを中心とした解決に向かうのである。

＊２　こうしたパターンを神話学者のノースロップ・フライはシェイクスピアの喜劇に基づいて「緑の世界」と呼んだ。それを拡張するなら『ふしぎの国のアリス』の地下世界や、『ピーター・パン』のネバーランドとも重なってくるのである。「行きて帰りし物語」となぞらえてもよい。

第2部

見直すための視点

第8章　ディズニープリンセスの系譜のなかで

❄歴代のプリンセスたち

アナとエルサは、ディズニー初のダブルヒロインであり、ダブルプリンセスだということが、宣伝文句となった。だが、アナとエルサは血のつながる姉妹であるからこそ、二人がまったくの他人とは言えないし、ある意味で一人のキャラクターがもつ陰陽の二面にも読めるのである。しかも、二人はそれまでのディズニープリンセスの常識から逸脱した行動をとり、「真実の愛」の解釈も含めて新しい見方を提示したのである。

ディズニープリンセスの進展や変化に関して、日本においても、いくつかの本が書かれている。いずれもヒントを与えてくれるが、ここでは、コール・ライリーによる『白雪姫』から『アナと雪の女王』までを四期に分けた図式と説明を参照していきたい。[*1] いちばん包括的に扱っているし、「ディズニーを教える」という特集の研究雑誌に載った論文で、アメリカの子どもたちの受容をも踏まえているからだ。ディズニーはグローバルな販売戦略をもって製作にあたっているが、主眼となるのはあくまでもアメリカを中心とした観客である。だからこそ英語でシナリオも歌詞も作られているし、すべてを判断しているのは、アメリカにあるディズニー・スタジオなのである。

ライリーによると、ディズニープリンセスの第一期は、『白雪姫』（一九三七）、『シンデレラ』（一九五〇）、『眠れる森の美女』（一九五九）にあたる。王子によって救われるプリンセスという古典的な図式が誕生した。とりわけ『シンデレラ』以降は、第二次世界大戦後に生まれたベビーブーマー世代が、教育を受け、社会に進出して、結婚し、家庭をもち、中堅や要職を務めるようになった流れと関連する。ディズニー作品を観て育った世代が、ディズニー社内で決定権をもつ管理職になっていくことで、変化を促してきた。

第二期は『リトル・マーメイド』（一九八九）、『美女と野獣』（一九九一）、『アラジン』（一九九二）にあたり、プリンセスが積極性をもったとされる。アリエル、ベル、ジャスミンは、相手を待っているお姫さまではない。しかもライリーによると「体型が雑誌のファッションモデルに近づいた」とされる。オーロラ姫がすでに細身だったのだが、この設定は子どもたちが理想を投影する人形などのグッズ展開ともつながる。この三作品は第一期の三作品に対して、ニュークラシックと呼ばれることもある。

第三期は『ポカホンタス』（一九九五）、『ムーラン』（一九九八）、『プリンセスと魔法のキス』（二〇〇九）で、プリンセスが「西洋中心」から解放されたとみなされた。ポカホンタスは先住民との関係、ムーランは中国を舞台にしたプリンセスである。そしてティアナはニューオーリンズを舞台にしたディズニープリンセス最初の黒人だった。『南部の唄』（一九四六）での黒人のステレオタイプの扱いが非難を浴びて、事実上の上映や発売禁止になってしまった。こうした背景があるので、かなり慎重にヒロイン像を決めたはずだが、再度キャラクター造形がステレオタイプだとして批判を受けた。こうしたステレオタイプ批判は、バラク・オバマ大統領が二〇〇九年に就任したのと無縁ではないだろう。

第四期として『塔の上のラプンツェル』（二〇一〇）、『メリダとおそろしの森』（二〇一二）、『アナと雪の女王』（二〇一三）がくる。ライリーによると「全員白人だが、権力とパーソナリティーのバランスをとっている」点が新しいとされる。もはや王子との結婚が彼女たちの人生の目標とはならなくなった。白雪姫やオーロラ姫のように、プリンセスは自分の相手となるプリンスを待たないのである。

こうした図式にだけ注目すると、目的地が決まった進化を一直線に遂げてきたように見えるが、文化や社会の変容は一進一退であり、ときには「バックラッシュ」という保守化や過去への回帰の波が襲うこともある。同じ一九四六年に生まれた三人の大統領が、ベビーブーマー世代の態度の変化をしめしている。一九九三年にビル・クリントンが、二〇〇一年にジョージ・ブッシュ（子）が、二〇一七年にドナルド・トランプが大統領に就任した。民主党と共和党の違いもあるが、しだいに高齢化し保守化していったのは間違いない。ちなみにオバマ大統領は一九六一年生まれで、ひと世代若いのである。

保守化といえば、プリンセスになるために試験を受け、歴代のディズニープリンセスから学ぶという『ちいさなプリンセス ソフィア』もそうした例の一つかもしれない。ソフィアがティアラを投げ捨てるなどとは想像できないし、原題を「ソフィア一世」というが、常識的にはソフィア二世が登場して初めてつく称号なので、家系の安泰が予告されている。彼女の目標はあくまでも王子との結婚であろう。ロールモデルになりそうなのは、アナであって、エルサではない。

こうした揺れ戻しがあるからこそ、古典的な作品が古びることなく生き延びるのだ。エルサのように自分の家を出る女性といえば、舞台のモデルとなったノルウェーの劇作家ヘンリック・イプセンが書いた『人形の家』（一八七九）が重なる。ヒロインのノーラは、夫やそれに代表される「父」的なものに呪縛されていた。そこから逃れる手段が、夫や子を捨てた家出だったのである。

また、熱烈なイプセン主義者を自認していたバーナード・ショーが書いた『ピグマリオン』（一九一三）は、自立したイライザが、自分に「正しい英語」を教えてくれたヒギンズ教授を捨てる反シンデレラストーリーだった。[*2] 後に映画化やミュージカル化においてハッピーエンドに書き直されたのである。女性の自立を描く男性作家のイプセンやショーの作品が、今でも強く訴えるものがあるとすれば、いまだに実現していない女性の自立問題があり、それがエルサの苦悩や行動に共感する層の悩みと重なるのである。

❄タッチストーン・ピクチャーズとの関係

ディズニーの長編アニメや派生作品にだけ注目して、ディズニープリンセスの変遷を考えると、その領域が単独で変化してきたと錯覚されがちである。けれども、『アナと雪の女王』で描き出された「父との関係」や「姉妹の絆」といった論点は古くて新しい課題である。また、プリンセスにとって、ハンス王子やクリストフといった援助者の価値が低くなるといった扱いも、男女は対等で平等だという意識が根づき、社会的な実現が限定的ではあれ、徐々に起きている社会変化を取り込んでいる。

しかも、ファミリー向け作品だからこそ、観ている子どもたちだけでなく、付き添ってきた親たちといった大人の心情にも訴える必要があった。劇場に足を運んでもらうだけでなく、その後に高額なビデオテープやＤＶＤなどを購入してもらうには、大人も納得させる質と内容がなくてはならないのだ。その際に、アメリカ社会や世界の変化と無縁ではありえない。

とりわけ、一九八〇年代に入って、ディズニーは経営上の危機に陥っており、倒産の声すらも囁《ささや》かれていた。起死回生の策として取り入れられたのが、古典的なディズニー像を大胆に変更することだった。ディズニープリンセスの刷新もあくまでもその一環なのである。ライリーの図式の第二期であり、その成果となった『リトル・マーメイド』、『美女と野獣』、『アラジン』をまとめて「ディズニールネッサンス期」とみなす考えもある〔荻上：一一八頁〕。ウォルトが中心となって形成された古いディズニープリンセス像との間に、大きな不連続が生じているのは、誰しもが認めるだろう。

だが、これは偶然の産物ではなく、ディズニーの中興の祖となったマイケル・アイズナー体制が作り出したものだった。アイズナーは、テレビのＡＢＣそしてパラマウント映画の事業を立て直してきた。そして、経営手腕を買われてディズニーのＣＥＯとなったのは一九八四年だった。新しいディズニープリンセス像を生み出したのは、経営戦略上の判断からでもある。しかも、そうした主題や表現を、第一期の『白雪姫』を中心とする内容から転換するためのヒントは、すでにディズニーの内部に存在していたのである。

アイズナー時代に、ディズニーは大人向けの映画ブランドとしてタッチストーン・ピクチャーズを発展させた。一九七九年の『ブラックホール』というSF作品が、登場する博士の「くそ」という汚い言葉づかいによって初のPG（parental guidance suggested）指定を受けたことで、前のCEOが別ブランドを立ちあげることを決めたのである。

PG指定とは鑑賞の際に親の指導が必要ということである。子どもだけで勝手に観てはいけないということで、親や大人同伴の鑑賞が禁止されているわけではない。しかも、PG指定にも段階的な年齢制限がある。いずれにせよファミリー向けの規定による制約を逃れた作品を収益のためにディズニーで作ろうとしたのだ。ちなみに『アナと雪の女王』にもPG指定がついていて、暴力や戦う場面があることに親や大人が注意するように忠告されている。

アイズナーがCEOに就任した一九八四年に正式に会社が設立された。その第一作となったのが『スプラッシュ』だった。これはアンデルセンの「人魚姫」の書き直しで、トム・ハンクスが主演し、人魚との恋を描いている。ヒロインが全裸で自由の女神像の前に上陸し、ゆでたロブスターを丸かじりするなど、下品で過剰な表現が出てくる。とりわけ、女性の裸を見せたことで、ファミリー向けの制限をはるかに超えたのである。『リトル・マーメイド』が作られたのは一九八九年だが、ここから、アリエルの積極性はタッチストーン・ピクチャーズ映画のヒロインたちとつながっていると見えてくる。

シンデレラストーリーの現代版である『プリティ・ウーマン』（一九九〇）は、コールガールつまり娼婦と実業家の純愛物語である。「体を売っても唇は与えない」というポリシーのヒロインに、三千ドルで一週間の話し相手を望むのだ。そして、白馬に乗った王子を待つ、という幻想をもっているヒロインがそのお金で変身を遂げた「塔の上に住んでいるお姫さま」となり、彼女にバラの花束を持って非常用はしごを使って上がっていく男の姿が描かれる。

また、『天使にラブ・ソングを…』（一九九二）のようにマフィアの愛人である黒人のクラブ歌手デロリスをヒロインにした作品がある。愛人が裏切り者を殺す現場を目撃したせいで、修道院のシスターに扮して身元を隠すのである。そして彼女が社会的に閉ざされた氷の宮殿のような修道院を変革していく。歌手と修道尼（つまりシスター）との人種や職業を超えたまさに「シスターフッド」が描かれる。しかも、原題（*Sister Act*）はシスターの行為ともシスターの条項ともとれる意味深なタイトルなのである。

こうした娼婦やギャングの愛人を主人公にした内容をディズニーアニメで扱えるはずもないが、極めつけは『シークレット／嵐の夜に』（一九九七）であろう。これは、『リア王』を下敷きにしたピュリッツァー賞受賞作であるジェイン・スマイリーの『千エーカー（邦題：大農場）』（一九九一）の映画化作品だった。アメリカのアイオワの大農場を舞台に、横暴な父親との関係に苦しんできた三姉妹が登場し、一家をめぐる忌まわしい秘密が明らかになっていく。ファミリー向けとは到底ならないシリアスな内容で、主演したジェシカ・ラングはゴールデングローブ賞の候補にもなった。土地の相続をめぐる問題は父と娘の対立を生み、王冠の重みへのエルサの苦悩とつながるかもしれない。

タッチストーン・ピクチャーズという大人向けブランドで刷新されたヒロイン像が、長編アニメのプリンセスたちにも還流してくることは避けられない。青春時代にタッチストーン・ピクチャーズの映画をデートなどで観た親が、子どもを映画館に連れてきて、古典的なヒロイン像への回帰に満足するはずもなかったからだ。それは、子育て中の作り手でもあるディズニーの女性アニメーターたちにとっても事情は同じだった。

『ステラ』（一九九〇）は、実話に基づき一九二〇年代からリメイクされてきた母と娘の和解の物語である。ベット・ミドラーが熱演したが、これはそのまま母の系譜をたどる『アナと雪の女王2』に投影されたように思える。また、ティム・バートンの『ナイトメア・ビフォア・クリスマス』（一九九三）は、スヴェンとクリストフから連想される、サンタクロースという温かいイメージとは異なるグロテスクな話である。こうして、『アナと雪の女王』の読み替えに必要な価値観は、タッチストーン・ピクチャーズ製作の映画で提示されていたのである。

ディズニーの大人の観客を意識した経営戦略を映画からテレビ番組、さらにディズニーランドにまで浸透させたアイズナーだったが、就任して二十年もすると、無節操な続編製作と、劇場版を焼き直してテレビでシリーズ化するなどの安易な手法で全般的な質の低下を招いた。しかも、古巣のＡＢＣをディズニー傘下におさめるなど、経営の私物化も進み、創業者一族からの反発もあって二〇〇五年に退任した。タッチストーン・ピクチャーズも二〇一六年頃から実質的に映画製作を中止している。

アイズナーの後継者として、子会社となっていたピクサーの社長ジョン・ラセターがＣＥＯに就任した（現在はセクハラスキャンダルを受けて退任している）。ラセターはクリエイターの気持ちを理解し、３Ｄアニメだけでなく、従来の２Ｄアニメも残すという方針をとったし、作品の質を向上させるために努力をしてきた経営者だった。まさに『アナと雪の女王』はそうした条件のなかで誕生したのである。

❄ガラスの天井とシスターフッド

第二期以降の刷新によって、『白雪姫』で定式化された、無垢なプリンセス像、救済者としてのプリンス像、魔女としてのヴィラン像など全体が変更されてきた。けれども、どれか一つを変えると、関係するすべての要素を変えなくてはならない。プリンセスだけでなく、プリンスも、ヴィランも変容してきたのだ。その好例がエルサというアレンデールの女王が「雪の女王」としてヴィランでもある点だろう。この部分は「女王＝魔女」という『白雪姫』の設定をなぞっている。

そもそもディズニーのヒロインには、すでに王女である白雪姫や『眠れる森の美女』のオーロラ姫の系譜と、シンデレラや『美女と野獣』のベルのように王子との結婚で成りあがってプリンセスとなる系譜とがある。この二つの系譜において、王子の役目は異なる。

しかも今回はアナとエルサにヒロインが分割されたことで、結婚話と王位継承の話が別に進むことになる。もしも役割を替えて、エルサの結婚話とアナの王位継承における試練の話とすると、かなりイメージが異なる作品ができあがっただろう。長女と次女という長幼の順と王位継承順の決まりがそこにはある。アナは王位継承者の第二位で、次女だからこそ気楽でいられたのである。

エルサがプリンセスから女王になる過程での試練は、魔法とその制御として表現されているが、同時にヴィランとしての女王を乗り越える試練でもある。そして即位をめぐる儀式のなかにも、彼女が直面する「見えない壁」が隠れている。戴冠式での聖職者をはじめ、彼女の補佐役の家臣もみな男性なのだ。さらに舞踏会でも、ウェーゼルトン公爵やハンス王子などが並ぶわけで、彼女は国際的な男性中心社会に入っていく必要があった。そのときに、制御すべき魔法が、エルサの女性性と深く結びついていると解釈できる。

彼女が作りあげた氷の宮殿は、天井を見あげると美しい氷の結晶なのだが、同時に重圧をかけて彼女を閉じ込めている。これはどこか「ガラスの天井」を連想させる。見えない壁や差別を指すこの言葉は、戦後のベビーブーマー世代の女性が社会進出をしたときに直面した問題を言い当てていた。この語句は一九七九年にヒューレット・パッカード社の女性社員の会話から生じたとされる。[*3] 男性たちが成果を奪い取り、女性たちが果たした役割を無視し、昇進のチャンスが消えてしまうのだ。ただし、名誉のために付け加えるならば、二十年後のヒューレット・パッカード社は、一九九九年にカーリー・フィオリーナをＣＥＯにしたし、二〇一一年からのＣＥＯもメグ・ホイットマンで女性なのである。

ディズニー社内で、作品形成に貢献してきた女性アニメーターが、世間的に無視されてきた過去を、ナサリア・ホルトは『アニメーションの女王たち』で掘り起こした。それでも変化は徐々に進んでいる。ディズニー傘下のルーカス・フィルムの社長に就任したキャスリーン・ケネディは、スピルバーグ監督の片腕となり、夫とともにアンブリン・エンターテインメントを設立した名プロデューサーでもある。また、他ならない『アナと雪の女王』の共同監督であるジェニファー・リーは脚本も担当している。そして、同じ年に発表されたピクサー製作の『メリダとおそろしの森』ではブレンダ・チャップマンが監督と脚本を担当している。

アナとエルサの関係を「姉妹」だから、「シスターフッド」とだけ解釈するのは安易だろう。『天使にラブ・ソングを…』で触れたように、それは人種や年齢や職業を超えた女性の連帯のことだからだ。もちろん、血縁関係のある者どうしの関係では、まさに「ヤマアラシのジレンマ」のように近い反発を招き、心理的に愛憎がもつれて衝突することがある。だが、それを解決するのも体験や記憶の共有だった。

そして、アナがジャンヌ・ダルクの絵を見たときに、自己投影したのは鎧を身に着けた男性姿のジャンヌだった。この姿はアナがエルサ救出のために馬に乗って雪が積もった北の山を目指すという無謀な試みを後押ししてくれただろう。このような体験をしたアナが、エルサに対して、単なる血縁による姉妹を超えて、互いに異なる個性と立場をもった女性どうしとして、まさに「シスターフッド」の気持ちをもったとしても不思議ではないのである。

エルサとアナが姉妹の絆を大人になって回復する過程を通じて、エルサにとってずっと脅威となっていた、幼少期の忌まわしい体験の記憶を乗り越えられたのだ。同時にオラフは二人が共通の記憶をもつ証拠となる。

エルサがかつての忌まわしい出来事を克服したことをしめすために、アレンデール城に集まる国民の前で堂々と魔法を使うのである。魔法の力をもっていることを知られて城から逃げ出したときには、噴水を凍りつかせて人々を怯《おび》えさせてしまった。同じ噴水の前で、「準備はいい（Are you ready?）」と周りを見渡し、足を踏みしめて敷石の上に氷を張りめぐらし、空から雪を降らすのである。人々はスケートをし、夏のなかでの涼を楽しむ。これは、幼いときに、王宮の広間でエルサはアナに「準備はいい（Ready?）」と声をかけて、魔法を始めたことの繰り返しとなる。アレンデール城内で姉妹だけで行なわれていた遊びが、国民に提供する娯楽となった。

人前で魔法を披露《ひろう》する自信に満ちたエルサの態度から「レット・イット・ゴー」の歌が思い出される。「私をかつてコントロールしていた恐れに、私はもはや囚われない（the fears that once controlled me / Can't get to me at all)」という歌詞は、そのときはアレンデール城から逃げ出す気持ちを歌っていただけだった。だが、今は恐れを克服して、本当の自信を得たことで、エルサはまさに歌詞にふさわしい存在に成長した。そして、氷のスケート靴をはいて不安定なアナが、つかまっているエルサに「すべって、旋回して（glide and pivot）」と促されているところで終わるのだ。アナはまだエルサという支えを必要としているのである。

アナとエルサは、幼いときの姉妹の絆を取り戻しただけではなく、それぞれの体験から今までとは異なる視点や立場を獲得したおかげで、血のつながりにとどまらない「シスターフッド」の関係を築きあげた。そして二人にたえず寄り添うオラフは、小さい頃から続く記憶を具現化している。オラフが蒸発して消えないように、エルサが専用の小さな雪雲を与えたのは、二人の記憶と絆を消さないためだったのである。

＊＊＊＊＊＊＊＊＊＊＊＊＊＊＊＊＊＊＊＊＊＊＊

◎註

＊1　若桑みどり『お姫様とジェンダー』（二〇〇三）、荻上チキ『ディズニープリンセスと幸せの法則』（二〇一四）、叶精二『「アナと雪の女王」の光と影』（二〇一四）、本橋哲也『ディズニー・プリンセスのゆくえ』（二〇一六）、清水知子『ディズニーと動物』（二〇二一）などがある。

＊2　Cole Reilly, "An Encouraging Evolution Among the Disney Princesses?: A Critical Feminist Analysis" *Counterpoints* Vol. 477 (2016), pp. 51-63
『ピグマリオン』のヒロインのイライザは、「私はいい子だよ（I'm a good girl）」と何度も声に出して、街の人々やヒギンズ教授に自分の存在を承認してもらおうとする。エルサが「レット・イット・ゴー」で表明したように、「私はいい子だ」という価値観は彼女たちの誇りでもあると同時に自身を苦しめる道徳的な抑圧でもあるのだ。しかも、イライザ（Eliza）とはエリザベスの愛称であり、エルサ（Elsa）がエリザベートの愛称であることと対応する。エルサの起源の一つが『ピグマリオン』のイライザにあると考えられるだろう。

＊3　https://legaldictionary.net/glass-ceiling/

第9章　二つの物語の系譜のなかで

❄雪の女王の書き換え

『アナと雪の女王』という作品は、この世に単独で存在しているわけではない。作品制作においても色々な作品との影響や応答を繰り返していた。すでに述べたように、『白雪姫』や『メリー・ポピンズ』だけでなく、『ゴーストバスターズ』や『禁断の惑星』からヒントを得ているかもしれない。しかも、別の新旧作品を参照することで、今まで見えなかった価値が見えてくる。古典とは、そうした比較によって複数の読解を許容し、また誘ってくれるものだ。

『アナと雪の女王』はアンデルセンの「雪の女王」に基づくとされるが、原作とされる話とはかなり異なる。その意味で原作を大幅に改変した「アダプテーション」となっている。作品中に「雪の女王」という言葉は登場しないし、映画でも「基づいた」と表記するにとどまっている。多くの設定の変更が行なわれ、台詞や歌などは完全なオリジナルとなっている。

アンデルセンの童話「雪の女王」は、悪魔の鏡の破片が目に刺さって、冷笑的になった少年カイと、その隣人の娘ゲルダの物語である。カイは見かけた雪の女王に惹かれて、そのソリに連れて行かれる。そこで、ゲルダは居なくなったカイを探し求めて、途中でさまざまな人々と出会い助けてもらいながら、北にある雪の女王の城へと向かうのだ。そして、ゲルダは凍ったカイの心臓を自分の涙で解かして、城から連れ戻すのである。

ウォルト・ディズニーは、「みにくいアヒルの子」（一九三九）の製作のあとで、「雪の女王」を作品化しようとした。一九三八年に、リサーチャーのメアリー・グッドリッチは、内容の要約とともに「信仰を通じた再生」が主題だと報告している。そして、何度も企画は生まれては潰れたのだが、ディズニーが社としてあきらめてはいなかった。ようやく『アナと雪の女王』で実を結んだのである［Solomon: 9-11］。

アンデルセンの「雪の女王」から、どの要素を抽出して利用し、変更したのかをきちんと見届ける必要がある。[*1] 作り手、とりわけ共同監督と脚本を担当したジェニファー・リーが、ストーリー部門で出たアイデアを一つの形にまとめたときに、「雪の女王」の要素はすべて溶かし込まれていった。その際にかなり変形されたとしても、もとの物語を咀嚼《そしゃく》した上での改変ならば、それは影響と言えるのだ。

目につく変更点として、次の七点を挙げておこう（無論これだけではない）。

①　トロールを悪魔ではなく味方にして、記憶を消す目的を変更した
「雪の女王」では、トロールたちのなかでも、いちばん邪悪な存在が悪魔とされる。これは以前からのトロールの位置づけを守った解釈だった。それが、パビーが率いる石のトロールたちへと読み替えられた。背中にコケやキノコが生えていて、陽気に歌い踊る存在となったのである。パビーはアナの忌まわしい記憶を消したのだが、アンデルセンの原作では消去の目的が異なっていた。ゲルダが途中で出会った魔女は、ゲルダを自分の家に留めておくために記憶を消す魔法を使い、雪の女王がカイにキスをすることで、ゲルダのことや楽しい思い出を忘れさせた。記憶を消去する目的が変更されている。

②　悪魔の鏡という設定を削除した
悪魔が作った鏡は、覗き込んだ者の考えや言葉づかいを、すべて悪いほうに歪《ゆが》めてしまう。それが、神のいる天の高みへと持ちあげられたときに割れてしまった。その鏡

の破片が空中に漂っていて、偶然カイという少年の心臓に突き刺さったのだ。結果としてカイは物事を冷笑する人間になってしまった。この鏡の破片の話が、エルサが雪の魔法でアナの心臓を凍らせる話となった。

③　カイのソリをクリストフのソリへと変更した

カイは小さなソリに乗っていたときに、雪の女王によって城へと連れて行かれてしまった。このカイのソリの話は「氷の心」での幼いクリストフがスヴェンに引かせるソリになった。もちろん、大人になってもクリストフは氷配達人としてスヴェンが引くソリを使っているわけだ。

④　友だちのゲルダがカイを探す話をアナがエルサを探す話に変更した

雪の女王のもとへと連れて行かれたカイを、隣に暮らす少女のゲルダが探し、雪の女王の城までたどり着く。その間の出会いや冒険が物語の中心になっていた。『アナと雪の女王』ではカイという少年ではなく、姉であるエルサを、妹のアナが追いかける展開になった。そもそも企画当初、二人は姉妹ではなく、アナは農家の娘で、雪の女王であるエルサに傷ついた心を凍らせてもらおうとする設定だった。しかし物語を作るうえで、二人をどう関わらせていくかという議論が生じたとき、最初から関わりのある「姉妹」の発見が『アナと雪の女王』の設定を大きく変えた。社内では自分たちの姉妹についての体験を語りあうシスター・サミットまで開催されて、そこで出たアイデアが作品に盛り込まれた［ガイドブック：八二頁］。

⑤ 山賊の娘とゲルダとの女どうしの友情の代わりにアナとエルサの姉妹の絆を描いた

アンデルセンの「雪の女王」に姉妹は登場しないが、ゲルダに親密さを感じた相手として、途中で襲ってきた山賊の娘がいた。ナイフを持つ山賊の娘はゲルダを嫌いにならない限り殺さないと言い、いっしょに寝るなどした。そしてゲルダに同情してトナカイに乗せて逃してくれるのだ。これはむしろ血縁ではないからこそ生じる女性たちの友情や絆の例となる。ゲルダの周辺には、援助者としての女性も多い。ゲルダを励ますカイの祖母がいる。途中で会った魔女は確かにゲルダを手元に置いておきたくて魔法を使ったが悪い人物ではないとされる。さらにラップランド人やフィンランド人の老女が親切にしてくれ、雪の女王の情報を教えてくれた。

⑥ ゲルダの涙がカイの凍った心臓を解かす話が、エルサの「真実の愛」がアナの凍った心臓を解かす話になった

ゲルダは北極圏のスピッツベルゲン島にある雪の女王の城に入り込み、石のように座っているカイの凍った心臓を、自分の涙で解かして正気に戻した。涙は「心臓までしみこんでいき、氷のかたまりをとかして、その中にあった小さい鏡のかけらをのみ

こんでしまった」のだ（山室静訳）。これが、凍ったアナをエルサの「真実の愛」が解かす話へと転換された。だが、同時にエルサの凍った心を解かした方もアナである点が重要な変更だろう。ゲルダとカイの関係とは異なり、アナとエルサはお互いに変身したのである。

⑦「永遠」をカイが綴《つづ》る文字からアナの歌詞へと変更した

雪の女王がカイを解放する条件としていたのが、「永遠」という言葉を正しく綴れるようになることだった。これは偶然に文字を書いた積み木が「永遠」と並んだことで完成した。英訳では「永遠（eternity）」が使われるが、「生まれてはじめて」の歌で「長い時間（forever）」を導入したこととつながると思われる。そして、雪の女王は「永遠」が綴れたら、カイに全世界と新しいスケート靴を与えると約束した。これは、最後に、エルサが雪の女王としてアナに氷のスケート靴を与えることで果たされるのだ。

全体がカイの祖母が歌う賛美歌に枠づけされていて、カイとゲルダは大人になって帰ってきたと結論づけられている。リサーチャーのグッドリッチが「信仰を通じた再生」と指摘していたのはその点である。『アナと雪の女王』は、「雪の女王」の主題と離れているようだが、凍結して再生するアナをめぐる人物配置はキリスト教的である。ここで選択されたのは、舞台とキャラクター名だけ借りてオリジナルを仕立てる方法ではなく、むしろ新しい舞台設定やキャラクターを使って、アンデルセンの「雪の女王」の主題やアイデアを使いこなしたと言える。

❄ロシアの二つの「雪の女王」

「雪の女王」は、世界中で映像化や舞台化されてきた。ディズニー内部においても一九三八年から何度も試みられてきたように、それだけ魅惑的な話なのだ。ところが、七つのエピソードの羅列であり、そのままでは長編としての構成をとるのが難しい。ゲルダはあちこちを冒険してはいるが、雪の女王と積極的に戦っているわけではないし、隣に住んでいてカイと仲が良いという理由だけでこれだけの旅をするには動機がいささか弱いのである。[*2]

ここでは、『アナと雪の女王』と比較するものとして、二つのアニメ作品を取りあげる。一つはソ連時代のロシアで作られたレフ・アタマーノフ監督の『雪の女王』(一九五七)であり、もう一つは、３Ｄアニメーションのヴラドレン(ヴラド)・バルベとマキシム・スベシニコフの共同監督による『雪の女王』である。これは『アナと雪の女王』公開の一年前である二〇一二年十二月に公開された。

る。ソ連版の『雪の女王』は、全体に淡い色調を使い、基本的にアンデルセンに忠実である。ただし、キリスト教的な枠組みを否定するために悪魔はなくなり、エピソードの羅列をつなぐために、語り手となる年老いた魔法使いが出てきて進行させる。カイの祖母が語る物語は雪の女王の話だけだった。そして、氷の鏡ごしに雪の女王が世界を見張っていて、カイが雪の女王が暖炉にやってくれば解けてしまうといきまいたので、思い知らせるつもりで吹雪を家に入り込ませると、カイの目と心臓に氷のかけらが突き刺さる。すると人格が変わるのである。

ゲルダのほうは、川や、花の咲く庭をもつ魔女や王子に王女と原作通り出会うのだ。そして山賊の娘が提供してくれたトナカイに乗って、氷の上を渡るときに氷を割りながら進んでいく。これはクリストフがアレンデールへとスヴェンを走らせて、氷が割れる場面へと転用されている。

ラセターの盟友でもある宮崎駿は、このソ連版の『雪の女王』から大きな影響を受けたことを公言している［三鷹の森ジブリ美術館ライブラリーのインタビュー］。ゲルダの一途な追跡は宮崎アニメの少年キャラクターの行動原理に転用された。山賊の親玉の老婆と手下は『天空の城ラピュタ』に出てくるドーラ一家の原型である。ゲルダたちとは対照的に見える、目鼻立ちの整った雪の女王の顔は、『崖の上のポニョ』のグランマンマーレにつながっていくだろう。

けれども、『アナと雪の女王』との関連で考えるべきは、高畑勲が監督をして宮崎駿も参加した『太陽の王子　ホルスの大冒険』（一九六八）である。元来はアイヌ神話に基づく深沢一夫の人形劇『春楡《チキサニ》の上に太陽』を、北欧風の設定に変更し、海外ファンタジーを装うことで企画が成立したのだ。悪魔グルンワルドが登場し、氷のマンモスが姿をあらわし、雪原や雪の場面が出てくる。人間でありながら悪魔の妹となったゲルダならぬヒルダが苦悩する話なのだが、これはエルサの苦悩につながるかもしれない。

『アナと雪の女王』に映像や動きの上で与えた影響も感じられる。とりわけ、オオカミがクリストフのソリを襲ってくるところは、ホルスが斧を投げてオオカミと戦う場面で始まる冒頭を思わせる。またホルスが崖から落ちそうになったときに縄のついた斧を雪に投げて助かるが、これが、クリストフが落ちそうになったときアナが助けた方法と通じる（ただし、『ホルスの大冒険』では、ホルスを助けたのが悪魔のグルンワルドという展開がある）。『雪の女王』を北欧神話の世界でのアクション作品とする際のヒントとなったかもしれない。こうして前の映像作品が次の映像作品へと影響を与えていくのである。

日本のアニメにも影響を与えた伝説的なソ連版の『雪の女王』からずっと遅れて、二〇一二年に公開されたものが、３Ｄアニメーションとしてロシアで制作された『雪の女王』である。『アナと雪の女王』と同じく長い年月をかけて企画が実現したもので、相互に影響を受けたわけではない。アンデルセンの「雪の女王」を映像化してきた系譜に、二つの別解釈の３Ｄアニメ作品がほぼ同時に出現したのである。

いきなりサンクトペテルブルクに、雪の女王が襲ってきて、凍りつくところから始まる。そして、雪の女王と対立していた両親が凍りついて亡くなり、彼らが守ったカイとゲルダの兄妹は孤児院で育つ。父親の後継者を探し、カイの居所を突き止めて雪の女王がさらっていったところを、ゲルダが追いかけることになる。ここでは鏡や氷のかけらというモチーフはなくなった。代わりに、雪の女王が世界を知るために氷の鏡を持っていて、カイに妹がいることを知り、脅威となる前に凍らせようと考えるのだ。

ゲルダは絵の得意な優しい兄のカイを探して旅をするのだが、お供をするのが、雪の女王の手先である黒イタチ姿の言葉を話すトロールと、ペットの白イタチである。

アンデルセンの「雪の女王」から受け継いだ要素もたくさんある。花園に住む良い魔女は、ゲルダに花を売らせる強欲な老婦人となり、逃げようとすると肉食植物が襲ってくる。山賊は海賊となり、やはり船長の娘がトナカイを与えて援助してくれる。雪の女王の城で、凍った兄を見つけて、女王の鏡のなかに入って呪いを解消し、過去にいじめられて悪へと走った雪の女王自身も解放するのである。

『アナと雪の女王』のように、大きな目をした金髪のキャラクターが、ロシアを中心にラップランドで冒険をするようすがダイナミックに描かれた。ラップランドとは、ノルウェーからロシアまで広がる地域を指すので、スカンジナビア半島を舞台にしなくても説得力をもつのだ。人気が出て、その後『雪の女王 新たなる旅立ち』（二〇一四）、『雪の女王と火の魔王』（二〇一六）、『雪の女王　ゲルダの伝説』（二〇一八）と続編が作られた。

「雪の女王」をそのまま映像化すると、短編の連続という散漫な印象を与えてしまう。そこで、ゲルダがカイを追いかける動機づけとして、『アナと雪の女王』は姉妹、ロシア版は兄妹という肉親の情と絆をもちこんだ。しかもエルサが周囲の「恐れ」によって雪の女王となったように、ロシア版の雪の女王となったイルマは、いじめられた過去が、邪悪になった理由だった。だが、それもゲルダの活躍で解消される。こうした設定は二十一世紀に「雪の女王」を再話するために必要な工夫だったのである。

❄白雪姫の書き換え

『アナと雪の女王』につながるものとして、アンデルセンの「雪の女王」だけでなく、『白雪姫』も考えるべきである。第一期の作品というだけでなく、ディズニープリンセスすべての出発点として参照することを忘れてはならない。たとえ第四期がそれまでの定式を反転したといっても、定式を無視したわけではないのだ。

『白雪姫』で目立つのは水の表現である。白雪姫はボロ服を着せられて、階段を掃除していたが、水を汲むために向かった井戸を覗き込み「私の願い」を歌う。井戸の反響を利用して、自分の心のなかを告げていると、歌声を聞きつけた王子がやってくるのだ。有名な「いつか王子様が」よりもこちらの歌のほうが、自分の恋愛相手を待つ白雪姫の気持ちを歌っている。しかも、井戸の表面の波紋が、そこに映った白雪姫の顔を揺らし、彼女の心を表現している。

そして、「ハイ・ホー」の歌とともに、つるはしを持った小人たちが帰宅するために歩いている場面では、歌の最後で画面の右側に小さな滝のように水が落ちている。これはアナとハンスが「とびら開けて」で踊り回るときに、滝が出てくる場面と対応するのだ。北の山のほうにある滝は、エルサの魔法で冬になったときに凍りつき、水の流れを表現する機会はなかった。

白雪姫が「口笛吹いて働こう」と歌い、小人たちの家のなかを片づける。この掃除では、白雪姫は箒《ほうき》を使うのだが、動物たちが掃除、洗い物、洗濯と助けてくれる。まさに夢のような場面である。

『ファンタジア』の「魔法使いの弟子」では、ミッキーは師匠をまねして箒に水くみをさせたが、箒の水くみがとまらず寝ている間に騒動となる。ミッキーが魔法に動かされる箒を止めようとして、斧《おの》で砕く場面は暴力的だという理由でシルエットで描かれた。魔法に安易に頼らないことが教訓となる。

さらに『メリー・ポピンズ』の「お砂糖ひとさじで」の歌では、遊んだ道具を片づけるような仕事を「ゲーム」にすればよいと提案する。指を鳴らすだけで洗濯物はたたまれ、おもちゃはおもちゃ箱に戻るのだ。もちろん、これはメリー・ポピンズの魔法のおかげである。

どうやら、『白雪姫』のときから、大人から子どもまで、掃除や片づけという嫌な家事労働（chore）を魔法によって処理したいという願望が描かれてきた。白雪姫の場合には、動物たちに愛され、歌声によって手伝いを誘うのである。魔法ではないが、不思議な力の一つだろう。それに対して、エルサはもちろんアナも、ボロ服を着せられて掃除をさせられるような白雪姫やシンデレラの扱いを受けていない。家事労働が消えたわけではないが、負担を減らす家電製品などが広がった状況では、白雪姫のようにプリンセスが肉体労働をするという設定が、多くの観客にとってそれほどリアリティをもたない。産業構造の変化のなかで、悩みも変化したのである。

七人の小人は、宝石の採掘という仕事をしている。そして仕事の時間が終わると、「ハイ・ホー」と歌って帰宅する。歌の冒頭では鉱山内の宝石が輝くようすが描かれる。それに対して、氷配達人が歌う「氷の心」に、同じようにきらめく氷は「採掘する価値がある（worth mining）」とあり、小人たちがやっていた宝石採掘に匹敵するのだ。

小人たちが家に戻ると掃除も洗濯も済んでいるが、大きな白雪姫が彼らのベッドを占領している。ここには家庭を守る女性と、外で働く男性という古典的な区分がある。だからこそ、白雪姫は「いつか王子様が」という歌を歌うのだ。二十一世紀のアナとエルサには、白雪姫の小人に当たる存在との直接交流はないが、クリストフとの出会いがそれに相当するのだ。そこが古典的な白雪姫型との違いとなっている。

古典的な白雪姫像はディズニー外部でも解体されてきた。一九九七年には、『スノーホワイト』が公開された。これは「恐怖の物語」とあるように、シガニー・ウィーバーが継母クラウディアを演じたが、鏡のなかの美しい自分との対話に苦悩する姿も描かれる。そして、自分の子が死産になったことで、義理の娘である白雪姫に辛くあたるようになる。しかも白雪姫も無垢ではなくて、自己中心的なところがあり、それがクラウディアの反感を増長する。白雪姫は森のなかの体験で大人になっていく。全体に辛辣な味つけで『白雪姫』を再解釈していた。

そして、二〇一二年に続けて公開された『白雪姫と鏡の女王』と『スノーホワイト』

では、白雪姫が必要とあれば武器を持って戦うヒロインとなる。もはや王子を待ち続ける白雪姫はどこにもいないのである。[*3] こうした白雪姫たちと同時代のアナやエルサが、歌の力で動物を動かすのが精一杯の能力という過去の白雪姫のあり方と決別したとしても不思議ではない。

❄メリダと第四期の共通点

『アナと雪の女王』に流れ込む「雪の女王」と『白雪姫』の二つの系譜を見てきたが、同時性を感じる作品がある。それが『メリダとおそろしの森』で、コリーの図式ではディズニープリンセスの第四期として並んでいた。『メリダとおそろしの森』は語り手によって始まり、森に住む「木彫り師」を装う魔女が登場する。千年前のスコットランドをモデルにしているが、歴史の再現などではなく、全体の雰囲気はピクサーらしく、『トイ・ストーリー』などと通じる扱いなのである。

赤毛のメリダは、気性の荒い女性という従来の赤毛に対する偏見も抱えている。白銀のエルサや、赤茶色の髪（ストロベリーブロンド）のアナとは印象が異なる。メリダは、自分のあり方を変えてみたくて、魔法の力を借りようとする。それは、彼女の行動を抑圧する母への反発からだった。弓を教えてくれるのは国王だが、母はメリダが正装の帽子から赤毛を垂らすことを禁じる。だが、母の制止を破り、三人の求婚者よりも弓の技が得意であることを披露した。これはエルサの魔法と同じく、世間に隠しておくべき秘密だったのである。

そんな母の心を変えたくて、鬼火に誘われて訪れた森のなかにある店で手に入れたものが魔女の作ったケーキだった。これを食べさせたことにより、母は心ではなくて、体がクマに変化してしまう。次には同じくケーキを食べた三人の王子たちも、クマに変えられてしまう。そして、過去にクマに足を食べられたせいで、復讐心をもち、倒そうとする父王から、クマとなった母を守ることになる。こうして、母を魔法から解き放つのがメリダの目的となる。

ここでは、魔女や魔法が忌まわしい領域に入っていて、メリダというヒロインはエルサのような「魔女」ではない。メリダは、弓という人間が使いこなす「技術」に長《た》けているのであり、魔法の扱いの違いが二つの作品がもつ印象の違いを作っている。キャラクター造形も、メリダの父やクマになった母は、極端に顔が小さく胴が大きいという昔からのディズニー流の誇張がなされている。『ジャングル・ブック』（一九六七）に出てきたクマの造形が、立体アニメになったという印象を与える。また、テーブルの上の食べ物がなぎ払われるとか、祝宴などで人々がつかみあいの喧嘩をするといった群衆による混乱場面は、『ピノキオ』の子どもたちが家を壊す場面や『ピーター・パン』の海賊とピーター・パンたちの争いの場面などの昔のアニメの楽しさを保っている。

原題の「勇敢な（*Brave*）」は、「魔法にかかった（*Enchanted*）」「もつれた（*Tangled*）」「凍った（*Frozen*）」と続くディズニーの単語一つ、それも形容詞のタイトルの系譜にある。スコットランドを舞台にし、ケルト的な要素を散りばめたことを考えると、メル・ギブソン主演で映画化された『ブレイブハート』（一九九五）を念頭に置いているのかもしれない。その主人公である実在した十三世紀の英雄ウィリアム・ウォレスのような活躍をメリダができるのかどうかも、やはり問われている。

こうした王子との結婚を無視するプリンセスとして、『メリダとおそろしの森』のメリダや『アナと雪の女王』のエルサが前面に出る変化は突然やってきたわけではない。ディズニー以外でも、ダイアナ・コールスの『アリーテ姫の冒険』（一九八三）（原題「賢いプリンセス」）が、すでにイギリスで出版されていた。魔法使いと結婚させられた姫の知恵を使った宝探しの物語に、救済する王子は姿を見せず、姫も必要としなかった。日本語版が一九八九年に出版され、片渕須直監督脚本によるアニメ作品『アリーテ姫』（二〇〇一）が作られたが、騎士たちを活躍させ、白雪姫パターンに多少回帰していた。

日本でも、ディズニーアニメと視聴者層が重なると思われる武内直子の原作漫画をテレビアニメ化した『美少女戦士セーラームーン』（一九九二―九七）には、ヒロインを援助してくれるタキシード仮面（＝地場衛）という王子役がいた。彼がヒロインの月野うさぎの活躍や失敗を見守ってくれる。ところが、テレビでの放送枠の後続作となる『ふたりはプリキュア』（二〇〇四―五）には、もはやそうした王子役が必要なくなった。女性たちだけで問題を解決していくのである。

王子による援助や救済が不要になるという二十一世紀のディズニープリンセスの変化は、先鋭的なものではない。むしろ、ジャック・ザイプスが、一九七〇年代のアンジェラ・カーターやマーガレット・アトウッドによる新作童話のアンソロジーにつけた秀逸なタイトルである『王子に賭けるのはやめろ（*Don't Bet on the Prince*）』という流れにようやく追いついたと考えるべきなのである。ディズニーは、現在も「安心安全」を第一として保守的ではあるが、過去に凝り固まって変化を恐れているわけではないのだ。

❄アダプテーションとしての舞台

『アナと雪の女王』自体が、アンデルセンの「雪の女王」の大幅な変更によるアダプテーション作品だった。それだけに、『アナと雪の女王』そのものから派生したアダプテーションが今後も作られることは充分にありえる。その一つとして、ディズニー自身が主催するミュージカル舞台化がある。そこでの改変は物語の根本を変えるほど大きなものではないが、印象はだいぶ異なっている。*4

当然ながら舞台の上で演じられるため、アニメーションのような迫力ある映像を使用できないので、代わりに色々な工夫がなされた。たとえば、オラフは、演じ手が台詞を口にしながらパペットを操作する仕組みを採用している。また、アナとハンスの出会いは、クリストフがソリで運んできた氷につまずいて生じ、「アイス」と「ナイス」が台詞で響きあう。こうした多くのオリジナルのアイデアが盛り込まれている。

プロジェクションマッピングによる舞台効果も多用された。エルサが「レット・イット・ゴー」を歌いながら右手や左手を伸ばすと、そこからスパイラルの光が浮かびあがる。しかも、氷の宮殿に見立てた奥へと向かうと、一瞬のスモークのなかで、水色の衣装へと早変わりをする瞬間が、見どころの一つになっている。ただし、利き腕の関係なのか、エルサが自分で脱ぐ手袋は左手になっているし、紫色のベールが飛ぶ方向も舞台に向かって左側へとアニメとは逆である。これもアニメ作品との違いを際立たせる演出なのかもしれない。

「レット・イット・ゴー」の最後では、アニメーションでは氷の紋章のついた扉が閉まることでエルサの決意が伝わるのだが、舞台上ではこうした装置が使えないので、最後の単語となる「anyway」を長く引っ張って盛りあげてしまう。たいてい拍手が入って劇の進行が一時中断するのだ。アニメーションと舞台芸術との表現方法の違いでもある。しかも、アニメーションでは、歌が最初に録音されるのだ。イディナ・メンゼルの歌うようすがスケッチされて、エルサの顔の表情はそれに合わせて作られたのである［Solomon: 23］。当然ながら声と表情はシンクロしていたが、舞台で歌い手が変わると、表情や身振りなどの表現も大きく変わることになる。

既存の歌であっても、展開に合わせて歌詞が入れ替わった。「生まれてはじめて」は、お付きの女性二人が着替えを手伝う展開となる。アナは衝立《ついたて》を使い、その向こうで髪を整え、さらに「二人のすてきな女性に」などと歌って、観客の前でドレスを着るようすを見せるのだ。エルサが登場して「門を開けよ」と命じると、奥から群衆が歌いながら登場し、アナとエルサを囲んで踊るのである。アニメーションとは異なり、歌に集中することになり、どのような情景なのかは、観客の想像に委ねられるのである。

また新曲も追加された。舞台の冒頭での「ヴェリィ」に歌詞がつき、そしてミュージカル『ヘアー』の名曲「レッツ・ザ・サンシャイン・イン」をもじった「レット・ザ・サンシャイン・オン（Let the Sun Shine On）」という歌が始まる。歌によって家族の関係を説明してくれて、さらに彼らに太陽の光が当たってほしいと願うのである。これはアニメーション製作の際に候補から落ちた作品だった。そして、エルサによる自分が怪物なのかを問う「モンスター（Monster）」や、アナによる扉の前や部屋での思い出を歌う「トゥルー・ラブ（True Love）」などがある。アニメーションでは、前半がミュージカルで後半がアクションという展開になっていたが、舞台では全編をミュージカルとせざるを得ない。そのためとりわけ後半に歌が追加された。

さらに二〇二〇年には、アナとエルサの「生まれてはじめて」のリプライズが、「アイ・キャント・ルーズ・ユー（I Can't Lose You）」という新曲に入れ替わった。アナとエルサの切々とした気持ちが伝わり、ハーモニーが美しい曲である。だが、明らかにブロードウェイの舞台で客を前に歌いあげるのに効果的なタイプの歌だった。こうした変更のために、全体としてアニメーションとは別作品の印象を与えるのだ。

フィヨルドや壮麗な氷の宮殿が出現するとか、アナたちの崖からの落下という映像はなく、台詞と歌と演技で表現するしかないので、アナとエルサの内面に触れる物語に純化されている。心理的表現が深まったが、もたらされた印象や感動は、アニメーション作品とは異なるのである。しかも、映画館以上に観客は演じ手たちの動きに反応して、歓声をあげ、拍手をする。これも「シング・アロング」上映の魅力とは別物となっている。見事に舞台劇にアダプテーションされたと言えるだろう。

❄『アナと雪の女王２』

アレンデール全体を冬にしてしまったエルサの魔法は、シェイクスピアの『テンペスト』で嵐を引き起こしたプロスペロの魔術にもつながる。だが、地球温暖化とそれによる異常気象を考えると、『アナと雪の女王』の解釈に新しい光があたるだろう。アンデルセンの「雪の女王」では、雪の女王がカイを一人きりにして北極のスピッツベルゲン島にある城から出かけていた。理由は、南のイタリアにあるエトナやベスビオスの火山に雪を降らすためだった。「わたしがあれをちょっと白くぬってやると、レモンやブドウのためにとってもいいんだよ」（山室静訳）と雪の女王は言う。どうやら雪の女王は季節の秩序を保ち、人間に恩恵を与えているのだ。

エルサも一方ですべてを凍りつかせる被害も与えるが、夏にスケートができるような冬をもたらす。こうした気象学的な想像力は、天変地異という否定的な現象だけにとどまらずに、人間が気象をコントロールできるのかという問いかけと結びついている。地球温暖化問題とは、人間が自然にどこまで関与できるのかの話でもある。そして、その不安や関心のなかで、氷河期の到来や、大洪水といった災害を描く映画が作られてきた。[*5] その系譜に『アナと雪の女王』もあった。

『アナと雪の女王』における気象学的な関心を引き継いだ作品として、二〇一九年に発表されたのが、クリス・バックとジェニファー・リー共同監督による続編『アナと雪の女王2』である。アナとエルサの幼少期に始まり、父のアグナル王が「魔法の森」での出来事を二人に語って聞かせる。森には、四大元素でもある「風、火、水、地」の精霊に守られて暮らすノーサルドラの人々が住んでいた。だが、アレンデール側との争いがあったせいで、四つの精霊が怒り、魔法の森全体を濃霧で覆《おお》ってしまった。

ノーサルドラは「太陽の民（the people of the sun）」という意味合いだとアグナル王は説明した。彼らの自然や精霊とのつながりは、アメリカ先住民（アメリカ・インディアン）を想像させる。*6 太陽の民が霧のなかで青空を見ることなく閉じ込められている設定は、先住民を居留地に追い込んできた歴史を思わせるし、警備隊長として黒人のデスティン・マティアス中尉を登場させたように、アレンデール王国の舞台設定が、十九世紀のノルウェーを離れてアメリカの現実に近づいている。

そして、女王となったエルサが遠くから聞こえてきた声に応じて、「イントゥ・ジ・アンノウン（Into the Unknown）」を歌うと、怒り狂った四つの精霊たちがアレンデール王国を襲い、町は壊滅する。トロールの長パビーの助言もあり、真相を知るために、アナとエルサたちは声に導かれるまま魔法の森に入っていった。そこで、二人の母であるイドゥナ王妃が残したスカーフから、彼女がノーサルドラの人間であることが判明する。アグナルとイドゥナはそれぞれ敵対した人々の一員でありながら結婚したのだ。さらに、アナとエルサの二人がオラフとともに北へ進むと無人の難破船があり、前作『アナと雪の女王』でしめされた王と王妃の死の真相が明らかになる。彼らが死んだのは「南の海」ではなくて、「闇の海」だった。

エルサは一人きりで、母のイドゥナが歌ってくれた子守唄に出てきた、過去の記憶が眠るというアートハランの川を目指す。「闇の海」の彼方に海を凍らせて進み、途中で水の精の馬ノック（ノッケン）を乗りこなして到着した。そこでエルサを呼んでいた声が過去のイドゥナだと知る。そして、アートハランは氷河であり、その奥底でエルサは結晶化された過去の出来事から真実を知るのだ。

祖父のルナード王が「平和の贈り物（gift of peace）」として建設したダムは、式典で敵の勢力を把握するためのもので、武器を持たないノーサルドラの族長を卑劣に殺したという忌まわしい過去の出来事である。その報いとして争いのなかでルナード王は殺される。今回の秘密は、事故ではなくて故意の出来事だったとわかる。ルナード王の行為は、先住民との争いで行なわれた卑劣な手口を想像させる。『アナと雪の女王』の魔女狩り騒動と同様に、ここでもアメリカの歴史がもつ「先祖の罪」から逃げない物語が語られるのである。真実を知ったエルサはしだいに凍りついてしまう。

エルサが一人でアートハランへと向かうには邪魔だと判断して、アナとオラフはともに突き放されて残されてしまった。だが、凍りつく前のエルサから届いた氷の結晶でアナは祖父の罪という真相を知った。エルサが凍りついたせいで魔法の力が消え、オラフが解体して結晶となり飛んでいってしまう。単独になったアナは、大地の精霊である岩男たちを挑発し、岩を投げさせてダムを壊す決断をする。

その決断の際に歌われるのが「わたしにできること（The Next Right Thing）」である。アナはエルサを失っても、自分は「次に正しいことを行なう（do the next right thing）」と歌うのである。これはトロールの長であるパビーが口にした言葉で、エルサはそれを受けて真相を探しに魔法の森へと向かった。今度はアナが代わりとなって、次善策として正しいことを行なうのだ。

「次に（next）」という語がここでは重要となる。魔法を使えないアナに、エルサと同じことの実行は無理である。選択肢は限られているのだが、アナは「選択をする（I'll make the choice）」と言い切る。そして、アナにとって「次に正しい」と思われた選択肢はダムを壊すことだった。フィヨルドに生じる洪水で、アレンデール王国は被害をさらに受けるかもしれないが、霧のなかに三十四年間も隠し続けてきた真相を暴露し、ノーサルドラの人々を自由（free）にする方をアナは選んだのだ。前作の「レット・イット・ゴー」の歌でエルサは自分の自由を「私は自由（I'm free）」と歌いあげていたが、アナは、人々を自由にすることを重視するのだ。この決断と実行を経て、アナはエルサの次の女王となる資格を獲得したのである。

前作とは異なり、アナではなくエルサが凍りついたのだが、アナがダムを破壊させたことにより解凍された。そしてエルサはダムの決壊で生じた洪水の先回りをして、アレンデールの町の手前で止めるのだ。その後エルサは女王としては王国に戻らず、魔法の森で暮らし、さらにアートハランへも通える「第五の精霊」という立場になった。前作で悩んだ王位継承が父親アグナルからの系譜の問題だったとすると、続編でエルサは母親イドゥナの系譜を継ぐことを選択して、完全に悩みから解放されたのである。

『アナと雪の女王』と『アナと雪の女王２』は、アナとエルサの家族にまつわる過去という形を借りて、アメリカが魔女狩りや先住民への弾圧を実行した、という負の歴史と向きあう態度を描いている。当事者と子孫が、その事実から逃げずに対面することで、過去の出来事をなかったことにはしない、という姿勢を保っているのだ。それが、子どもから大人までの心を揺さぶった理由なのだろう。

❄天気の子とエルサ

『アナと雪の女王』と関連をもつと考えられる作品が、二〇一九年に発表された新海誠監督の『天気の子』である。続編のような直接的なつながりこそないが、気象や自然と関係をもつヒロインの活躍は共通し、環境問題という時代の関心に応えていた。新しい地質年代を指す「アントロポセン（人新世）」という用語も映像上にさりげなく登場する。そして、『アナと雪の女王2』と同様に、多くの人々から支持を得た。ただし、ヒロインのあり方は、日米それぞれの文化や歴史の背景を踏まえて、違った姿を見せている。

冒頭のクレジットタイトルで「ＳＴＯＲＹ」というプロダクション名のＯがスパイラルになるが、これは「ＦＲＯＺＥＮ」のタイトルで氷の結晶が入ったＯへの挑戦にも思える。「明日天気になれ」という言い回しが存在するように、『天気の子』の「天気」は晴れを指し、気象一般のことではない。『アナと雪の女王』のエルサは魔法を制御してアレンデール王国に晴れをもたらし、『アナと雪の女王2』のアナはダムを壊して魔法の森に晴れをもたらした。それに対して、『天気の子』での気象と晴れをめぐる扱いはエルサが登場する二つの作品とは異なる。

エルサがもっていたのは、周囲を凍りつかせて冬をもたらす魔法だった。一方、『天気の子』のヒロイン天野陽菜が所有しているのは、空に祈ると晴れをもたらす力である。

水を凍らせ雪を降らせるエルサが、邪悪な「魔女」を連想させたのに対して、陽菜は「巫女」とみなされ、周囲の人々は彼女を能力のせいで排斥はしない。巫女への信頼が日本にはまだあるせいだった。

陽菜に好意を寄せる森嶋帆高は、神津島《こうづしま》から東京に家出をしてきた高校一年生だった。途中のフェリーで知りあった編集プロダクションを営む須賀に食と住居だけを保証してもらい、取材した原稿を書いて暮らすのだ。帆高は家出人として家族から捜索願が出ている。そして偶然手に入れた拳銃を、風俗店で働かされそうになった陽菜を救うために発砲したので、警察が捜査する対象にもなっていた。

母を失い弟の凪と暮らす陽菜と、帆高とが作る擬似的な家族とも言える繋がりを維持する生活費を稼ぐために、二人は「１００％晴れ女」ビジネスを始め、そして成功したのである。陽菜は花火大会や競馬から運動会や初盆までの大小のイベントに「晴れ」をもたらす巫女として利用される。異常気象で雨ばかりの東京に、つかの間の「晴れ」を届ける行為は、人々から無条件で肯定されるのである。

こうした陽菜の巫女のあり方は、いわゆる「神社ミコ」ではない。*7 新海監督の前作である『君の名は。』（二〇一六）において、ヒロインの三葉は伝統を引き継ぐ神社の巫女だった。三葉は現在、東京で働き、帆高が陽菜への指輪を選ぶ際に店員として顔を見せる。

それに対して、「晴れ女」の陽菜は、一年前に病室の母を見守っていたとき、窓から見かけた廃ビルの上に射す光の水たまりに惹かれて、屋上にある神社の鳥居をくぐった。そのときに陽菜は能力を授かったのである（神津島で帆高が見た雲から射す晴れ間とつながっている）。どうやら陽菜は「彼岸」にあたる天に選ばれ、能力を与えられたのである。

ただし、須賀と事務所でいっしょに働く夏美とが、取材先の神主から聞いたように、天気の巫女は「人柱」であり、晴れを引き起こした代償を支払わなくてはならない。物語全体の真ん中で、陽菜と帆高は、マスコミに露出して依頼が殺到したので「晴れ女ビジネス」を終了させた。けれども、すでに手遅れで、陽菜の体はしだいに透明になり、一時的に空へと浮かぶのだ。

そこに、警察と児童相談所の介入により、帆高と陽菜の関係は解体の危機を迎える。彼らのささやかな生活が破綻しかけると、陽菜の心を映し出すように積乱雲が発達する。東京の八月の気象が荒れて、冬が訪れたように雪がちらつくのである。七月のアレンデール王国にエルサが冬をもたらした現象と同じだった。しかも、帆高たちは捜査の手から逃げ、宿を求めて歩くなかで、家出とみなされ警察に尋問される。捕まりかけた帆高を助けるために陽菜が「お願い」と天に祈ると雷が落ちた。トラックが爆発したことで、それまでの「晴れ女」が、災厄や死をもたらしかねない魔女的な存在となる。陽菜がこの能力を意図的に使うことはないが、脅威となりえる可能性がしめされていた。

ようやく探し当てたホテルに泊まったとき、陽菜は自分の体が透明になっていることを帆高に打ち明けて、翌朝には天上へと消えてしまった。陽菜が人柱となったおかげで、東京の空は晴れるのだ。帆高はホテルで陽菜に与えた指輪が空から落ちてきたので、彼女がどこへ行ったのかを理解する。そして、陽菜を雲の上の「彼岸」から取り戻すために、警察の手を逃れ、ビルの屋上にある鳥居をくぐり抜けて救出に向かうのである。

ここで重要なのは、東京を恒久的に晴れにすることよりも、陽菜を地上に取り戻すという帆高の選択である。そして二人で空から落下していくときに、「グランドエスケープ」という歌が流れる。「僕らの恋が言う　声が言う／「行け」と言う」と歌詞が鳴り響き、彼らの行動を強く肯定するのだ。そして地上に落ちて、陽菜が首にかけていた青い石をさげたネックレスが壊れ、彼女は人柱の運命から解放された。青空が終わり、雨が再び降り始める。それは過去において晴れをもたらすために巫女を人柱にしてきた「先祖の罪」を帆高が訂正した結果でもあるのだ。

帆高が陽菜を人柱から取り戻したせいで、その後三年間東京に雨が降り続け、二百年前に海だったところまでもが水没してしまった。陽菜が地上に戻ってきたことで、世界の異常気象は以前のままになっている。須賀は「世界はもともと狂っている」と主張するが、それでも、帆高は「あの空の上で、僕は選んだんだ」と、陽菜に人柱をやめさせるように選択したことで世界を変えたと思っている。

帆高が陽菜と再会する勇気を得て、指輪をあらためて渡すために近づいたとき、雨のなかで陽菜が祈っている。降る雨は止みはしないが、雨の世界で生きていくことを選んだ二人の顔を一瞬の晴れが照らすのである。もしも陽菜に「晴れ女」の能力を使う機会が再び訪れたとしても、行なうのは、巫女として他人から依頼されたからでもなく、世界のためでもないはずだ。帆高が「自分のために願って」と言ったように、能力を自分のために使うのが陽菜の選択となるだろう。

＊

気象とヒロインとの関係を扱いながらも、時代も舞台設定も重ならない『アナと雪の女王2』と『天気の子』の話の展開は異なる。『アナと雪の女王2』のエルサはアレンデール王国に戻らずに第五の精霊として魔法の森にとどまるが、『天気の子』の陽菜は世界に晴れをもたらす人柱として彼岸にとどまるのではなくて地上に戻る。エルサと陽菜の最終的な居場所はまるで違っている。

けれども、共通点もある。エルサと陽菜は、気象と関わる能力を努力や野心から身につけたのではなく、精霊あるいは天と呼べる超越的な存在に選ばれて能力を与えられたのである。両作品では、世界のあり方を変えるためのアナやエルサ、そして帆高や陽菜の「選択」の価値や意味が問われていた。陽菜を人柱から取り戻した帆高の選択は、ダムを壊したアナのように「次に正しいことを行なった」ことなのである。そして、アナと帆高は、選択によってそれぞれの歴史における「先祖の罪」と正面から向きあったのだ。

さらに、クリストフがアナに指輪を渡そうと何度も試みてようやく成功したように、帆高もやはり陽菜に再度指輪を渡そうとするのである。姉妹の絆の回復を主題としていた『アナと雪の女王』で結婚はキャラクターたちの関心の外だったが、続編は最後でオラフが言うように結婚による「ハッピーエンド」へと向かうことになる。指輪と結婚の主題を持ち込んだことで、『アナと雪の女王2』と『天気の子』は、先行する『アナと雪の女王』とはまるで別の作品になり得たのである。

気象とヒロインとの関係というモチーフを先行作から部分的に受け取りつつも、まったく別の条件や要素を取り込んで変奏することで、作品が新しく生まれてくる。もちろん、「水の記憶が過去を再現する」とか、「水の魚が空に舞う」という現象は現実世界では成立しない。こうした空想的な設定が選ばれた理由として、帆高の援助者となった須賀の言葉を思い出せばよい。晴れ女には龍神系の自然霊が、そして雨女には稲荷系の自然霊が憑いているという取材先での説明を帆高は「ラノベの設定」とバカにする。そして、気象とは「前線とか気圧変化とかの自然現象ですよね?」と須賀に疑問を述べる。それに対して、須賀は「こっちはそんなのぜんぶ分かっててエンタメを提供してんの」と叱るのである。

ファンタジーとは、ある約束事のなかで「事実」ではなくて「真実」を伝える手段である。雪だるまが話すことを自然法則に反しているとか、ベイブリッジが沈むほど海水面が上昇したのに神津島の港が無事なのは不自然だとか、批判しても意味はないだろう。また、帆高や陽菜の行動の違法性を、現実の児童労働や児童福祉の観点から問いかけても物語から得られるものは少ない。神話や伝説とおなじく、日常生活ではありえない物語に託されたメッセージを読みとる必要があるのだ。

『アナと雪の女王2』と『天気の子』という作品が登場したことで、『アナと雪の女王』自体が、多くの可能性を秘めた「古典」としての価値をもつことが明らかになった。おそらく、今後もこの古典的な作品からヒントを得て、新しい作品が紡がれていくのである。

＊＊＊＊＊＊＊＊＊＊＊＊＊＊＊＊＊＊＊＊＊＊＊＊＊＊＊

◎註

＊1　以下、アンデルセンの童話「雪の女王」に関しては、山室静訳を主として、青空文庫の楠木正雄と矢崎源九郎訳をも参照した。さらに、英訳として、ハンス・クリスチャン・アンデルセン・センターのサイトに掲載されたデンマーク出身のアメリカの俳優ジーン・ハーショルトによる古典的な一九四九年の訳（ディズニーのスタッフたちが参照した可能性が高い）、また、おそらく『アナと雪の女王』の人気を受けてジョン・アイアンズが二〇一四年に作成した新訳を参照した。
https://www.aozora.gr.jp/cards/000019/card59261.html　［矢崎源九郎訳］
https://www.aozora.gr.jp/cards/000019/card42387.html　［楠山正雄訳］
https://andersen.sdu.dk/vaerk/hersholt/TheSnowQueen_e.html　［ハーショルト訳］
https://andersen.sdu.dk/moocfiles/snowqueen.pdf　［アイアンズ訳］

＊2　他にも注目すべき映像作品はある。一九六六年のゲンナジー・カザンスキー監督のソ連時代のロシアの実写版がある。アンデルセンにあたる語り手が登場し、合成画面によって巨大な雪の女王とカイや勇気あるゲルダが向かいあうのだ。一九八六年のパイヴィ・ハーツェル監

督のフィンランドの実写版は、カイとゲルダが砂浜で遊ぶところから始まる。二人の淡い恋の物語として展開し、山賊の娘にとらわれるときもゲルダは砂浜のことを思い出すのだ。一九九五年のマーティン・ゲイツによるイギリスのテレビ版アニメは、SF調に変更され、雪の女王が太陽の光を反射して世界を寒冷化するのを、ゲルダたちが阻止する話となっている。名優ヘレン・ミレンが雪の女王の声をあてている。こうした解釈と異なるものをロシア版の『雪の女王』と『アナと雪の女王』が見せてくれたのだ。

＊3　ディズニーの『白雪姫』で、女王＝魔女の二面性をウォルトは「ジキル博士とハイド氏のようなもの」と考えていた［Tatar: 78］。スティーヴンスンのホラー小説の善悪に苦悩する主人公を考えると、どうやらエルサのような魔女の読み直しの可能性がすでに原点に存在していたのかもしれない。また、ドナルド・バーセルミによるポストモダン小説である『雪白姫』（一九六七）は、断片によって構成された小説で、現代を舞台にして、タイトルは白雪姫と区別するために訳者がつけたものである。「雪白姫の心理＝恐怖の区域で彼女の恐れるもの　鏡　リンゴ　毒櫛」などと書かれているし、第一部の終わりには「ここまでの物語は気に入っていますか？」といった質問表まである（柳瀬訳による）。アメリカにとって文化的イコンとなった白雪姫のあり方を解体してみせたことで、もはや素朴に信じられる時代に止《とど》めが刺されていたのである。

＊4　ユーチューブの「ディズニー・オン・ブロードウェイ」の公式チャンネルで多くを観ることができる。
https://www.youtube.com/user/DisneyOnBroadway

＊５　ディザースター映画の系譜としては、地球が凍りついたり大洪水がおこったりする映画が『アナと雪の女王』の前後に作られた。凍結する『デイ・アフター・トゥモロー』（二〇〇四）、『デイアフター2020首都大凍結』（二〇一〇）。水没する『A．I．』（二〇〇一）、『2012』（二〇〇九）、『ノア　約束の舟』（二〇一四）などがある。どれも映画の特殊効果を売り物にした映画でもある。新しい技術が開発されるとそれを効果的に利用するために天変地異や聖書や神話に基づく作品が登場するのが映画の歴史だった。『アナと雪の女王』には、ワイドスクリーンの画面で、ＣＧＩ（コンピューター生成イメージ）の表現がもつ可能性を広げるという技術的な関心もあった。

＊６　先住民と精霊との関係について、たとえば、管啓次郎は、『野生哲学――アメリカ・インディアンに学ぶ』のなかで、先住民であるアメリカ・インディアンが大地などの精霊とともに生き、太陽を崇めていることを紹介している。

＊７　神社で須賀と夏美に天井画を説明するのが年老いた神主であるように、古代の巫女は男性が司祭者となったことで、多くが「神社ミコ」から技能や芸能を売る「遊女」へと分かれたと『古代の女』で倉塚曄子は指摘する。陽菜が性風俗に引き込まれそうになる場面で、技芸だけで食べてはいけなかった遊女としての巫女の危うさが描かれていた。巫女において「聖の分野は女にゆだね、俗の分野を男が掌った」［倉塚：十七頁］とされるが、これは「晴れ女ビジネス」における陽菜と帆高の役割分担にあたる。二人の関係はインターネット時代の新しいビジネスの創出に見えるが、じつは古くからの伝統を守っていたのである。

おわりに　作品は多層構造をもつ

『アナと雪の女王』が何度も鑑賞することに耐える作品である理由は、多層構造をもっていて、それがうまく機能しているせいである。最後のエンドロールに並ぶスタッフの名前を見ても、長編アニメーションは多くの部門の担当者からできあがっており、表現そのものが多層構造をもつ。

観客にメッセージを与えてくれる役目は、台詞や歌詞のような直接的な形によるものだけではない。キャラクターの表情や動きといった映像も雄弁に何かを語っているのである。そして、作品の雰囲気や世界観を形作ることに大きな役割を果たすものが、背景などの美術である。

作品の統一した印象作りに力を尽くした一人は、アート・ディレクターのマイケル・

ジャイモだった。ディズニーの長編アニメ作品で最初の「ワイドスクリーン」を採用したことで、左右に画面が広がり奥行きが出た。しかも、ジャイモが参考にした映画は、『黒水仙』、『赤い靴』、『魂のジュリエッタ』、『サスペリア』といった幻想味をもちコントラストのはっきりとした作品だった［ガイドブック：六〇頁］。それが氷に閉ざされる前と後のアレンデールの町とか、ハンスとアナが踊ると次々と場面が変わる設定（これは『赤い靴』からの借用だろう）に利用されたのだ。

背景も視覚的なメッセージを伴っている。色彩設計のリサ・キーンは、エルサが氷の宮殿で見る夜明けと、ハンスがアナにキスをすることを拒絶したときに背後に見える暖炉の明かりのイメージを近づけて、どちらもつかの間のものであることを見せた。そして、凍ったアレンデールや氷の宮殿といった氷だけの世界を、きらびやかだが現実感を失わない色調に整えたのである。

作品はこうした色でもメッセージを伝えている点に注目すべきである。選ばれた配色でとりわけ印象的なのは、エルサが戴冠式で身につけているベールの紫色である。このベールには、アレンデール王国のクロッカスの紋章がついて、彼女をすっぽりと包んでいる。そして、「レット・イット・ゴー」が歌われる間に脱ぎ捨てられた。氷の宮殿でエルサが着用する衣装は水色で肌にぴったりと合っている。しかも裾にはスリットが入って、ヒールをはいた足が見えるようになっており、モンロー・ウォークのときに大人の雰囲気を漂わせた。

こうしてエルサが紫色のベールが不要になった直後に、アナがオーケンの店で手に入れた冬服についているケープは紫色なのである。その下には、黒い上着と青いスカートを着用しているのだ。色の移行によって、姉妹が直面する課題を解決する役割が、エルサからアナへと引き継がれたとわかるのである。

この紫色は、『眠れる森の美女』で、悪い魔女であるマレフィセントが着用していた黒いマントの裏地の色でもある。フィリップ王子がいばらの森で戦うことになる、マレフィセントが変身したドラゴンも同じように腹が紫色だった。紫色は高貴な身分をしめす色ではあるが、ディズニーにおいては邪悪な魔女とつながる危険をもつ色彩でもあった。最後に夏に戻るとアナは緑色の夏服になり、エルサは水色の服のままなのである。キャラクターの動きや表情だけでなく、こうした衣装デザインや色彩の選択も観客に無言のメッセージを伝えているのである。

表現の多層構造だけでなく、観客に合わせた多層構造の物語も魅力となる。ディズニーの経営を立て直したアイズナーによる戦略の一つは、作品に社会が抱える偏見や問題を放り込むことでリアリティを増すことだった。

見た目の美しさを誇るルッキズムへの抵抗もあった。『美女と野獣』においては怪物的な野獣という姿が、『ノートルダムの鐘』（一九九六）においてカジモドは障がいを抱えた容姿で描かれた。もちろん、野獣は王子になるのだし、カジモドの内面の美しさが強調される終わりになっていた。アナとエルサも、あまり目立たないが顔にそばかすがあり、決してバービー人形のようなつるつる肌の美顔ではないのだ。それも親しみやすさを作っている。

現実逃避に見えるファンタジーの背後に、現実の社会がもつ軋轢《あつれき》を忍ばせることによって、大人の観客の鑑賞にもふさわしいように作られている。このやり方は、年齢や経験やさらにはジェンダーによって、作品の読みが変わることも想定していた。

興味深いことに、『アナと雪の女王』の場合には、観客対象と考えられていた親子だけでなく、その中間にあたる社会人となって働く女性たちに支持された。それは今までのディズニープリンセスになかった要素を加えたからである。目標が王妃という名の夫を支えるだけの妻や、専業主婦ではなくなったのである。

二十歳を過ぎたエルサが女王という大役を任されるからこそ生じる不安や孤独は、大きな役職や責任ある仕事を任されるときの感情に通じていた。そして自分の能力を抑えることは、社会人の女性にとってはひょっとしてエルサのように、男性社会のなかで過ごす処世術の一つかもしれない。エルサに求められたように、感情、とりわけ怒りを抑えることは、「アンガー・マネジメント」として重視される。ところが、あまりに理不尽な扱いに耐えられなくなると、「レット・イット・ゴー」の歌とエルサの変身が、「もうやっていられない」とスーツやパソコンやスマホや書類のすべてをかなぐり捨てたくなる気持ちを代弁してくれるのだ。

また、アナが姉の救出のなかで、チョコレートを分けあう王子のような相手よりも、ニンジンをトナカイと分けあっている恋人のほうが良いと気づくことも重要だった。しかも、問題の解決には男性の助けが必ずしも要らないのである。ハンスのように援助するふりをして裏切ったり、クリストフのように結局手遅れだったりする場合もよくあるのだ。まさに彼女たちの行動や台詞が、企業社会のなかでの女性たちの気持ちを語ってくれていた。

ダブルヒロインのおかげで、観客が自分の抱えている課題に応じて感情移入できるのである。それを幼児や小学校の低学年で感じ取るのはとうてい無理である。つまり、これは大人向けの作品でもあるのだ。

『アナと雪の女王』の原題である「凍りついた（frozen）」がしめすものは広い範囲にわたる。フィヨルドの奥にあるアレンデール王国と、アナとエルサのあり方は相似形となっている。エルサの魔法によりアナの心臓が凍りつく姿は、フィヨルドが凍りつくと海外との交易が途絶える小さな王国の姿と重なる。閉じこもった状態では人も国も成長できないので、部屋や宮殿やフィヨルドの外に出ないとならない。エルサが歌う「レット・イット・ゴー」が全編の主題歌となりえたのは、心の解放であるとともに、たとえ傷ついても、外を求めることが成長に不可欠だからだ。そして、戴冠式後のエルサが試練のなかで獲得したように、大人になると自分の能力をコントロールし、相手によって使い分ける必要が出てくる、と物語は告げている。

コミュニケーションにおいて、内と外を隔てる壁は、石やコンクリートで作られるのではない。水が凍って氷となるように、心の状態の変化によって生じるのである。だからこそ意識的に凍結を解除することも必要となってくる。アナの記憶が善意から削除されたせいで、エルサの苦悩や姉妹の確執を生んだ。だが、苦悩や対立が再燃する危険を伴うが、凍りついて封印された過去を自らこじ開けて、正面から向かい合うことで、ようやく人々の和解が成立するのである。それにはアナとエルサの場合のように、当事者たちの協力がなくてはならない。また、ハンスのような悪巧みをする相手を排除するためにも、凍らせる魔法が利用できる。この物語を貫く一連のイメージは「凍りついた(frozen)」という単語以外では表現できなかったのである。このようにタイトルにすべての手がかりがあったことが、英語の文脈でたどって初めて理解されるのだ。

『アナと雪の女王』は、作品を成りたたせている多層構造とその読解の楽しみをもち、その魅力が幅広い年齢や国籍や人種の観客を魅了したのである。そして、社会や時代の閉塞感を破る応援歌として「レット・イット・ゴー」が受け入れられたのも、決して無責任を肯定する理由からではなかった。この歌を聴くと、何かで行き詰まったときに、自分を奮い立たせて前進させる気持ちが湧くのである。これこそが『アナと雪の女王』が新しい古典として人気があり、見直す価値をもつ理由なのだ、と私は思う。

あとがき

本書は『アナと雪の女王』という二〇一三年のディズニー作品について分析した一冊である。原題（*Frozen*）を解釈し、「レット・イット・ゴー」の邦題をもじるなら、「凍りついたままで」とでもなるかもしれない。アレンデール王国だけでなく、それぞれのキャラクターの凍結してしまった心や気持ちがどのように解けていくのかをたどっている。

第1部ではその点に注目しながら、七つの章で、最初の一分半の重要性からはじめ、ミュージカル映画がアクション映画となっていくまでの流れを追っている。登場する歌についても、「レット・イット・ゴー」だけではなく、「雪だるまつくろう」「生まれてはじめて」から「愛さえあれば」まで、登場する歌はすべて分析し、その英語の歌詞、さらには台詞や場面との関係も扱った。また、アナやエルサはもちろん、オラフやマシュマロウに関しても一章を使って役割を考えてみた。この作品に不要な登場人物はいないのである。

第2部では、新しく見直す視点として二つ挙げた。一つは、アナとエルサをディズニープリンセスの系譜のなかで考えることである。その補助線として、同じディズニー社内のアダルト部門であるタッチストーン・ピクチャーズ製作の映画との関係を扱った。そして「ガラスの天井」と「シスターフッド」が鍵を握ることを明らかにした。もう一つは、アンデルセンの「雪の女王」から『天気の子』にいたる作品を扱い、「雪の女王」の系譜と、『白雪姫』の系譜を受けた『アナと雪の女王』の特徴を浮かびあがらせた。もちろん見直す視点はこれにとどまらないが、広い文脈のなかで考えると『アナと雪の女王』が価値をもつことがはっきりとする。

本書で作品内の多くの点に触れてはいるが、楽しみはまだ残っている。『塔の上のラプンツェル』のラプンツェルがどこに顔をだしているのかを確認するとか、ディズニーファンにはおなじみの隠れミッキーを探してみてほしい。またブロードウェイ版など多くの歌手による「レット・イット・ゴー」を聴き比べると、この歌への解釈が一つに限定されないと気づくのではないだろうか。

＊

『アナと雪の女王』は、青山学院大学で行なっている「児童文学」の初回の授業で触れる作品に選んできた。邦題と原題のズレの話題から始まり、「レット・イット・ゴー」の歌に「フローズン」という言葉が含まれているが、日本語版の「ありのままで」では気づかないという話をしている。文化的に映像作品を理解するには、画面と歌や台詞がどのようにリンクしているのかを無視してはいけない、という戒めのためである。今回すべての歌における歌詞の働きを扱い、細かな点にまで分析するなかで、ミュージカル映画としても、見直す価値をもつ作品だと確認できたし、長年の宿題を果たせた気がする。授業に参加して、講義を聴いてくれた多くの学生に感謝したい。

また、二〇一七年には、「人文学の役立て方――『アナと雪の女王』をめぐって――」という短い文章を成蹊大学の人文叢書の一冊である『人文学の沃野』という論集に寄せたことがある。編集の浜田雄介先生に大変お世話になったのだが、この本の種の一つとなっている。

企画の話が持ちあがったとき、『アナと雪の女王』のファンである林田こずえ氏に担当してもらうことに決まった。演劇に造詣が深く、ミュージカル情報などをいち早く教えていただいき、多くの参考意見を頂くことができた。また、小鳥遊書房の高梨治氏には今回も全面的にサポートしていただいた。両者に感謝の言葉を述べたい。

小野俊太郎

主要参考文献など

映像作品についてはＤＶＤやブルーレイ、およびユーチューブの公式サイトなどを参考にした。ディズニー全般については、デイヴ・スミスの『Disney A to Z オフィシャル百科事典』の二〇一六年の第五版を適宜参照したが、二〇〇七年に邦訳されたのは第三版なので、残念ながら『アナと雪の女王』は入っていない。また、「ディズニー Wiki」は事実確認をする際に有用な情報を提供してくれて、現物を探し出すのに役立ったので特記しておきたい。どちらもディズニーファンならば何日も楽しめるはずである。

https://disney.fandom.com/wiki/The_Disney_Wiki

＊

有馬哲夫『ディズニーの魔法』（新潮社、二〇〇三年）
ウィザード・ノリー『私は、ありのままで大丈夫 Rules of Elsa & Anna』（講談社、二〇一五年）
尾形英夫編集『ロマンアルバム・エクセレント――太陽の王子 ホルスの大冒険』（徳間書店、一九八四年）
荻上チキ『ディズニープリンセスと幸せの法則』（星海社、二〇一四年）

小野俊太郎『[改訂新版]ピグマリオン・コンプレックス――プリティ・ウーマンの系譜』(小鳥遊書房、二〇二〇年)
叶精二『「アナと雪の女王」の光と影』(七つ森書館、二〇一四年)
倉塚曄子『古代の女――神話と権力の淵から』(平凡社、一九八六年)
河野真太郎『戦う姫、働く少女(POSSE 叢書 Vol.3)』(堀之内出版、二〇一七年)
清水知子『ディズニーと動物――王国の魔法をとく』(筑摩書房、二〇二一年)
管啓次郎×小池桂一『野生哲学――アメリカ・インディアンに学ぶ』(講談社、二〇一一年)
ディズニー『アナと雪の女王――ビジュアルガイド』(KADOKAWA、二〇一四年)
本橋哲也『ディズニー・プリンセスのゆくえ――白雪姫からマレフィセントまで』(ナカニシヤ出版、二〇一六年)
若桑みどり『お姫様とジェンダー――アニメで学ぶ男と女のジェンダー学入門』(筑摩書房、二〇〇三年)

*

ペテル・クリステン・アスビョルンセン編『太陽の東 月の西』、佐藤俊彦訳(岩波書店、二〇〇五年)
ハンス・クリスチャン・アンデルセン『雪の女王 アンデルセン童話集』、山室静訳(KADOKAWA、二〇一九年)
ヘンリック・イプセン『人形の家』、原千代海訳(岩波書店、一九九六年)
ダイアナ・コールス『アリーテ姫の冒険』、グループ ウィメンズ・プレイス訳(学陽書房、一九九二年)
バーナード・ショー『ピグマリオン』、小田島恒志訳(光文社、二〇一三年)

J・R・R・トールキン『ホビットの冒険 上』、瀬田貞二訳（岩波書店、二〇〇〇年）
ナサニエル・ホーソーン『完訳 緋文字』、八木敏雄訳（岩波書店、一九九二年）
ドナルド・バーセルミ『雪白姫』、柳瀬尚紀訳（白水社、一九八一年）
グレゴリー・マグワイア『ウィキッド』、服部千佳子・藤村奈緒美訳（SBクリエイティブ、二〇〇七年）
L・M・モンゴメリ『赤毛のアン』、松本郁子訳（文藝春秋、二〇一九年）
サラ・ネイサンシーラ・ローマン『アナと雪の女王』、有澤真庭訳（竹書房文庫、二〇一四年）［実際には有澤によるノヴェライゼーションである］
『三びきのやぎのがらがらどん』、せたていじ（瀬田貞二）訳（福音館書店、一九六五年）

*

Bruno Edera, *Full Length Animated Feature Films* (Hastings House Publication, 1984)
Marjorie Garber & Nancy J. Vickers (eds), *The Medusa Reader* (Routledge, 2003)
Nathalia Holt, *The Queens of Animation: The Untold Story of the Women Who Transformed the World of Disney and Made Cinematic History* (Little, Brown and Company, 2019)『アニメーションの女王たち――ディズニーの世界を変えた女性たちの知られざる物語』、石原薫訳（フィルムアート社、二〇二二年）
Ollie Johnston & Frank Thomas, *The Disney Villain* (Disney Book Group, 1993)
Ollie Johnston & Frank Thomas, *The Illusion of Life: Disney Animation Revised edition* (Disney Book Group, 1995)
Cole Reilly, "An Encouraging Evolution Among the Disney Princesses?: A Critical Feminist Analysis"

Counterpoints Vol. 477 (2016), pp. 51-63

Elaine Showalter, *Sister's Choice* (Clarendon Press, 1991)『姉妹の選択——アメリカ女性文学の伝統と変化』、佐藤宏子訳（みすず書房、一九九六年）

Dave Smith, *Disney A to Z: The Official Encyclopedia, 5th Edition* (Disney Editions, 2016)

Charles Solomon, *The Art* of Frozen (Chronicle Books, 2013)『The Art of「アナと雪の女王」』、倉下貴弘・河野敦子訳（ボーンデジタル、二〇一四年）

Maria Tatar (ed) *The Classic Fairy Tales: Texts, Criticism* (W W Norton, 1998)

Marina Warner, *Fairy Tale: A Very Short Introduction* (Oxford UP, 2018)

Stanley Wells and Gary Taylor (eds.), *The Oxford Shakespeare: The Complete Works (Second Edition)* (Oxford UP, 2005)

Jack Zipes (ed.), *Don't Bet on the Prince: Contemporary Feminist Fairy Tales in North America and England* (Routledge, 1986)

*

『「アナと雪の女王」のすべて』（ABC制作）

レフ・アタマーノフ監督『雪の女王《新訳版》』（三鷹の森ジブリ美術館ライブラリー）

※小説などの英語文献に関しては、Internet Archive の各種版本や Gutenberg も参照した。

【著者】

小野 俊太郎

（おの・しゅんたろう）

文芸・文化評論家 1959 年、札幌生まれ。東京都立大学卒、成城大学大学院博士課程中途退学。文芸評論家、青山学院大学などでも教鞭を執る。著書に、『「トム・ソーヤーの冒険」の世界』『「クマのプーさん」の世界』『快読　ホームズの『四つの署名』』『ガメラの精神史』（ともに小鳥遊書房）『スター・ウォーズの精神史』『ゴジラの精神史』（彩流社）『モスラの精神史』（講談社現代新書）や『大魔神の精神史』（角川 one テーマ 21 新書）のほかに、『〈男らしさ〉の神話』（講談社選書メチエ）、『社会が惚れた男たち』（河出書房新社）、『日経小説で読む戦後日本』（ちくま新書）、『新ゴジラ論』『フランケンシュタインの精神史』（ともに彩流社）など多数。

『アナと雪《ゆき》の女王《じょおう》』の世界《せかい》

2021 年 7 月 30 日　第 1 刷発行

【著者】

小野 俊太郎

発行者 : 高梨 治

発行所 : 株式会社**小鳥遊《たかなし》書房**

〒 102-0071　東京都千代田区富士見 1-7-6-5F

電話 03 (6265) 4910（代表）／ FAX　03 (6265) 4902

http://www.tkns-shobou.co.jp

装幀　鳴田小夜子（坂川事務所）

印刷　モリモト印刷(株)

製本　（株) 村上製本所

ISBN978-4-909812-63-6　C0074